러시아어
토르플 2급
실전 모의 고사

러시아어 토르플 2급 실전 모의 고사
❶

초판 1쇄 발행   2016년 07월 18일
초판 2쇄 발행   2020년 03월 18일

지은이   Н.А. Боровикова, Н.А. Гогулина, Н.Ф. Гордиенко, Н.В. Нетяго,
Ю.И. Плотникова, И.С. Просвирнина, Т.И. Смирнова

펴낸이   김선명
펴낸곳   뿌쉬긴하우스
책임편집   이은희
편집   Evgeny Shtefan, Ilona Istomina, 김영실
디자인   박은비

주소   서울시 중구 동호로 15길 8, 리오베빌딩 3층
전화   02) 2237-9387
팩스   02) 2238-9388
홈페이지   www.pushkinhouse.co.kr

출판등록   2004년 3월1일 제2004-0004호

ISBN   978-89-92272-73-5   14790
978-89-92272-64-3 (세트)

© УрФУ, 2014
Настоящее издание осуществлено по лицензии, полученной от кафедры русского языка для иностранных учащихся Уральского федерального университета
© Pushkin House, 2016

이 책의 한국어판 저작권은 УрФУ(우랄연방대학교)와 독점 계약한 뿌쉬긴하우스에 있습니다.
저작권법에 의해 한국 내에서 보호를 받는 저작물이므로 무단 전재와 무단 복제를 금합니다.

Тест по русскому языку как иностранному
Второй сертификационный уровень

토르플 고득점을 위한 모의고사 시리즈

TORFL

러시아어
토르플 2급
실전 모의고사 ①

Н.А. Боровикова, Н.А. Гогулина, Н.Ф. Гордиенко, Н.В. Нетяго,
Ю.И. Плотникова, И.С. Просвирнина, Т.И. Смирнова 지음

뿌쉬낀하우스

※ MP3 파일은 뿌쉬낀하우스 홈페이지(www.pushkinhouse.co.kr)에서 무료로 다운로드받을 수 있습니다.
또한 스마트폰을 통해 QR코드를 스캔하면 듣기·말하기 영역 MP3 파일을 바로 청취할 수 있습니다.

contents

토르플 길라잡이 _6

1부 테스트

Субтест 1.   ЛЕКСИКА. ГРАММАТИКА 어휘, 문법 영역 _11

Субтест 2.   ЧТЕНИЕ 읽기 영역 _36

Субтест 3.   ПИСЬМО 쓰기 영역 _49

Субтест 4.   АУДИРОВАНИЕ 듣기 영역 _54

Субтест 5.   ГОВОРЕНИЕ 말하기 영역 _62

2부 정답

어휘, 문법 영역 정답 _71

읽기 영역 정답 _75

쓰기 영역 예시 답안 _76

듣기 영역 정답 및 녹음 원문 _84

말하기 영역 예시 답안 _90

첨부: 답안지 РАБОЧИЕ МАТРИЦЫ _111

1. 토르플 시험이란?

토르플(TORFL)은 'Test of Russian as a Foreign Language'의 약자로 러시아 교육부 산하기관인 '러시아어 토르플 센터'에서 주관하는 외국인 대상 러시아어 능력 시험이다. 기초 단계에서 4단계까지 총 여섯 단계로 나뉘어 있으며 시험 과목은 어휘·문법, 읽기, 듣기, 쓰기, 말하기의 다섯 영역으로 구성되어 있다. 현재 토르플은 러시아 내 대학교의 입학 시험, 국내 기업체, 연구소, 언론사 등에서 신입사원 채용 시험 및 직원들의 러시아어 실력 평가를 위한 방법으로 채택되고 있다.

2. 토르플 시험 단계

토르플 시험은 기초단계, 기본단계, 1단계, 2단계, 3단계, 4단계로 나뉘어 있다.

· 기초단계 (элементарный уровень)
  일상생활에서 필요한 최소한의 러시아어 구사가 가능한 가장 기초 단계이다.

· 기본단계 (базовый уровень)
  일상생활에서 필요한 기본적인 의사 소통이 가능한 단계이다.

· 1단계 (I сертификационный уровень)
  일상생활에서의 자유로운 의사소통뿐만 아니라, 사회, 문화, 역사 등의 분야에서 러시아인과 대화가 가능한 공인단계이다. 러시아 대학에 입학하기 위해서는 1단계 인증서가 필요하며, 국내에서는 러시아어문계열 대학졸업시험이나 기업체의 채용 및 사원 평가 기준으로도 채택되고 있다.

· 2단계 (II сертификационный уровень)
  원어민과의 자유로운 대화뿐만 아니라, 문화, 예술, 자연과학, 공학 등 전문 분야에서도 충분히 의사소통이 가능한 공인단계이다. 2단계 인증서는 러시아 대학의 비어문계 학사 학위 취득을 위한 요건이며 석사 입학을 위한 자격 요건이기도 하다. 1단계와 마찬가지로 국내에서는 러시아어문계열 대학졸업시험이나 기업체의 채용 및 사원 평가 기준으로도 채택되고 있다.

· 3단계 (III сертификационный уровень)
  사회 전 분야에 걸쳐 고급 수준의 의사소통 능력을 지니고 있어 러시아어로 전문적인 활동이 가능한 공인단계이다. 러시아 대학의 비어문계열 석사와 러시아어문학부 학사 학위를 취득하기 위해서 3단계 인증서가 필요하다.

· 4단계 (IV сертификационный уровень)
  원어민에 가까운 러시아어 구사 능력을 지니고 있는 가장 높은 공인단계로, 이 단계의 인증서를 획득하면 러시아어문계열의 모든 교육과 연구 활동이 가능하다. 4단계 인증서는 러시아어문학부 석사, 비어문계열 박사, 러시아어 교육학 박사 등의 학위를 취득하기 위한 요건이다.

3. 토르플의 시험영역

토르플 시험은 어휘·문법, 읽기, 듣기, 쓰기, 말하기의 다섯 영역으로 구성되어 있다.

· 어휘·문법 영역 (ЛЕКСИКА. ГРАММАТИКА)
  객관식 필기 시험으로 어휘와 문법을 평가한다. (*사전 이용 불가)

· 읽기 영역 (ЧТЕНИЕ)
  객관식 필기 시험으로 주어진 본문과 문제를 통해 독해 능력을 평가한다. (*사전 이용 가능)

· 듣기 영역 (АУДИРОВАНИЕ)
  객관식 필기 시험으로 들려 주는 본문과 문제를 통해 이해 능력을 평가한다. (*사전 이용 불가)

· 쓰기 영역 (ПИСЬМО)
  주관식 필기 시험으로 주제에 알맞은 작문 능력을 평가한다. (*사전 이용 가능)

· 말하기 영역 (ГОВОРЕНИЕ)
  주관식 구술 시험으로 주어진 상황에 적합한 말하기 능력을 평가한다. (*사전 이용이 가능한 문제도 있음)

4. 토르플 시험의 영역별 시간

구분	기초 단계	기본 단계	1단계	2단계	3단계	4단계
어휘·문법 영역	50분	50분	60분	90분	90분	60분
읽기 영역	50분	50분	50분	60분	60분	60분
듣기 영역	30분	30분	35분	35분	35분	45분
쓰기 영역	40분	50분	60분	55분	75분	80분
말하기 영역	25분	40분	60분	45분	45분	50분

*토르플 시험의 영역별 시간은 시험 시행기관마다 조금씩 다를 수 있습니다.

5. 토르플 시험의 영역별 만점

구 분	기초 단계	기본 단계	1단계	2단계	3단계	4단계
어휘·문법 영역	100	110	165	150	100	141
읽기 영역	120	180	140	150	150	136
듣기 영역	100	180	120	150	150	150
쓰기 영역	80	80	80	65	100	95
말하기 영역	130	180	170	145	150	165
총 점수	530	730	675	660	650	687

6. 토르플 시험의 합격 점수

구 분	기초 단계	기본 단계	1단계	2단계	3단계	4단계
어휘·문법 영역	75–100점 (66%이상)	82–110점 (66%이상)	109–165점 (66%이상)	99–150점 (66%이상)	66–100점 (66%이상)	93–141점 (66%이상)
읽기 영역	90–120점 (66%이상)	135–180점 (66%이상)	92–140점 (66%이상)	99–150점 (66%이상)	99–150점 (66%이상)	89–136점 (66%이상)
듣기 영역	75–100점 (66%이상)	135–180점 (66%이상)	79–120점 (66%이상)	99–150점 (66%이상)	99–150점 (66%이상)	99–150점 (66%이상)
쓰기 영역	60–80점 (66%이상)	60–80점 (66%이상)	53–80점 (66%이상)	43–65점 (66%이상)	66–100점 (66%이상)	63–95점 (66%이상)
말하기 영역	98–130점 (66%이상)	135–180점 (66%이상)	112–170점 (66%이상)	96–145점 (66%이상)	99–150점 (66%이상)	108–165점 (66%이상)

1부 테스트

Субтест 1. ЛЕКСИКА. ГРАММАТИКА

Инструкция к выполнению теста

- Время выполнения теста – **90 минут**.

- Тест состоит из 6 частей, включающих 150 заданий.

- При выполнении теста пользоваться словарём нельзя.

- Перед выполнением теста вы получаете задания, инструкции к заданиям и листы с матрицами.

- На каждом листе с матрицей напишите свои фамилию, имя и название страны.

- Задания предъявлены в форме множественного выбора. Вам нужно выбрать свой вариант ответа и отметить его в соответствующей матрице.

- Выбирая ответ, отметьте букву, которой он обозначен. Например:

| 3 | А ✓ | Б | В | Г | |

(Вы выбрали вариант А).

- Если вы изменили свой выбор, не надо ничего исправлять или зачёркивать, внесите свой окончательный вариант ответа в дополнительную графу.

| 3 | А ✓ | Б | В | Г | **В** |

(Ваш выбор – вариант В).

- В тесте ничего не пишите! Проверяться будет только матрица.

ЧАСТЬ 1

В заданиях 1–25 выберите свой вариант ответа и отметьте его в матрице 1.

1.	В конце урока студенты … вопросы преподавателю.	А)	спрашивали
		Б)	разговаривали
		В)	задавали
		Г)	сдавали
2.	Отец всегда … свои проблемы сам.	А)	решил
		Б)	делает
		В)	сделал
		Г)	решает
3.	Профессор Плотникова … о конференции.	А)	рассказал
		Б)	рассказали
		В)	рассказала
		Г)	рассказывалась
4.	До начала передачи … несколько минут.	А)	осталось
		Б)	останутся
		В)	остаются
		Г)	остались
5.	У нас в городе … около сорока вузов.	А)	имелись
		Б)	имеются
		В)	имеется
		Г)	имеет
6.	Все прочитанные мной книги оказались … .	А)	интересным
		Б)	интересно
		В)	интересное
		Г)	интересными
7.	Этот спортсмен пришёл к финишу … .	А)	втором
		Б)	вторым
		В)	во-вторых
		Г)	второму

8.	То, о чём все говорят, … .	А)	любопытное и необычное
		Б)	любопытно и необычно
		В)	любопытный и необычный
		Г)	любопытен и необычен
9.	Как ни … моя кошка, но мышей ловить она не будет.	А)	голодная
		Б)	голодной
		В)	голодна
		Г)	голоден
10.	Аэропорт закрыт, мы не сможем … сегодня в Москву.	А)	улететь
		Б)	улетать
11.	Не стоит … свет, ещё светло.	А)	включать
		Б)	включить
12.	Это лекарство нужно … по утрам натощак.	А)	принять
		Б)	принимать
13.	Не надо … дверь, там идет экзамен.	А)	открывать
		Б)	открыть
14.	Большую квартиру трудно быстро … .	А)	продавать
		Б)	продать
15.	Проходите, пожалуйста. Раздевайтесь. Обувь не … .	А)	снимайте
		Б)	снимите
16.	После такой новости мне не … .	А)	успокаиваться
		Б)	успокоиться
17.	Я так устал. Завтра в 6 часов утра мне не … .	А)	вставать
		Б)	встать
18.	Ей не … мужа. Она уже замужем.	А)	выбирать
		Б)	выбрать

19.	На этот раз у Вас всё обязательно … .	А)	получается
		Б)	получится
20.	Почему никто не работает? Быстрее … .	А)	начинайте
		Б)	начните
21.	Не … ты на этот концерт, мы бы не встретились.	А)	приходи
		Б)	приди
22.	Я не хочу больше … об этом.	А)	сказать
		Б)	говорить
23.	Мы смотрели фильм, когда зазвонил телефон. Я … все самое важное, пока говорил по телефону.	А)	пропускал
		Б)	пропустил
24.	Чем выше был уровень владения языком, тем труднее … задания.	А)	становились
		Б)	стали
25.	Вскоре его настроение стало … .	А)	испортиться
		Б)	портиться

ЧАСТЬ 2

В заданиях 26–50 выберите свой вариант ответа и отметьте его в матрице 2.

26.	Каждому из нас необходимо бороться … .	А)	со своими недостатками
		Б)	своими недостатками
		В)	за свои недостатки
		Г)	для своих недостатков
27.	Дети всегда надеются … .	А)	к помощи родителей
		Б)	в помощь родителей
		В)	о помощи родителей
		Г)	на помощь родителей

28.	Пусть ребёнок играет. Он … не мешает.	А)	меня
		Б)	мне
		В)	для меня
		Г)	на меня
29.	… испугалась женщина?	А)	Чего
		Б)	На что
		В)	Что
		Г)	О чём
30.	Мы долго спорили, но все-таки он согласился … .	А)	на мои доводы
		Б)	перед моими доводами
		В)	к моим доводам
		Г)	с моими доводами
31.	Климат Урала зависит … Северного полюса.	А)	на близость
		Б)	от близости
		В)	к близости
		Г)	через близость
32.	Екатеринбург является … Урала.	А)	столица
		Б)	со столицей
		В)	столицей
		Г)	столицы
33.	Этот словарь нужен … .	А)	наших студентов
		Б)	нашими студентами
		В)	нашим студентам
		Г)	к нашим студентам
34.	Уже в конце августа все школы нашего города были готовы … .	А)	на новый учебный год
		Б)	к новому учебному году
		В)	с новым учебным годом
		Г)	по новому учебному году

35.	Почти все заводы приближены … воды.	А)	около источников
		Б)	от источников
		В)	в источники
		Г)	к источникам
36.	Металлургия начала развиваться на Урале … .	А)	восемнадцатого века
		Б)	в восемнадцатом веке
		В)	на восемнадцатом веке
		Г)	за восемнадцатый век
37.	… XVIII века на Урале действовало 60 заводов.	А)	К середине
		Б)	На середину
		В)	У середины
		Г)	Середина
38.	Реформы проводились … Петра I.	А)	за всё правление
		Б)	через всё правление
		В)	в течение всего правления
		Г)	на всё правление
39.	Русский флот был создан … правления Петра I.	А)	около нескольких лет
		Б)	несколько лет
		В)	за несколько лет
		Г)	в несколько лет
40.	Он вернулся домой лишь… .	А)	около суток
		Б)	после суток
		В)	за сутки
		Г)	через сутки
41.	… Анна была красавицей.	А)	В молодости
		Б)	До молодости
		В)	На молодость
		Г)	В молодость

42.	Закройте, пожалуйста, дверь: … дует.	А) Б) В) Г)	от коридора из коридора с коридора у коридора
43.	Наша кафедра специализируется … русского языка иностранцам.	А) Б) В) Г)	на преподавание преподаванием к преподаванию на преподавании
44.	Экономика района развивается ускоренными темпами … .	А) Б) В) Г)	через выгодное географическое положение благодаря выгодному географическому положению от выгодного географического положения с выгодным географическим положением
45.	Развитие сельского хозяйства затруднено … .	А) Б) В) Г)	из-за холодного климата благодаря холодному климату по холодному климату от холодного климата
46.	Природные богатства страны дают возможность увеличивать темпы роста экономики … .	А) Б) В) Г)	в небольших затратах по небольшим затратам при небольших затратах из-за небольших затрат
47.	Голос девушки задрожал … .	А) Б) В) Г)	в волнении с волнением от волнения благодаря волнению

48.	Вам необходимо прислать заявку … .	А) Б) В) Г)	в факсе по факсу с факсом в факс
49.	Ломоносов проводил опыты … .	А) Б) В) Г)	физики и химии в физике и химии с физикой и химией по физике и химии
50.	В результате своих опытов Ломоносов сделал вывод … массы тела.	А) Б) В) Г)	сохранения по сохранению при сохранении о сохранении

ЧАСТЬ 3

В заданиях 51–58 выберите свой вариант ответа и отметьте его в матрице 3.

51.	Мне пришлось самостоятельно разбираться в материале, … на уроках русского языка.	А) Б) В) Г)	изучающем изучаемом изучившем изучаемый
52.	Информация, … по радио, оказалась недостоверной.	А) Б) В) Г)	переданной передающая переданная передавшая
53.	В толпе, … около здания мэрии, можно увидеть знакомые лица.	А) Б) В) Г)	собранных собранная собравшийся собравшейся

54.	Хочу поговорить о результатах, … нашим коллективом.	А) достигнутыми Б) достигнутых В) достигающих Г) достигающими
55.	Правительство, … президентом, приступило к работе.	А) утвердившее Б) утвердив В) утверждено Г) утверждённое
56.	Государство, … свою финансовую систему, борется с инфляцией.	А) укреплённое Б) укрепляя В) укреплённую Г) укрепляемое
57.	Придя к власти, … .	А) было разрушено старое государство Б) старое государство разрушилось большевиками В) большевики разрушили старое государство Г) разрушение старого государства стало неизбежным
58.	Объявив перестройку в общественно-политической жизни России, … .	А) У Михаила Горбачёва возникли огромные трудности Б) Михаила Горбачёва ждали огромные трудности В) Михаил Горбачёв столкнулся с огромными трудностями Г) Михаилу Горбачёву было понятно, что впереди будут огромные трудности

В заданиях 59–75 установите синонимические соответствия между выделенными конструкциями и вариантами ответов. Отметьте свой выбор в матрице 3.

59.	Сюжет – это определённое событие, **развивающееся во времени**.	А)	которое развивается во времени
		Б)	которое развивалось во времени
		В)	которое развивает писатель во времени
		Г)	которое развивал писатель во времени
60.	События, **описываемые автором в романе**, реально происходили в 19 веке.	А)	которые описал автор в романе
		Б)	которые описывал автор в романе
		В)	которые описывает автор в романе
		Г)	которые будет описывать автор в романе
61.	Информация, **сохранённая в памяти народа**, бесценна.	А)	которая хранится в памяти народа
		Б)	которую хранят в памяти народа
		В)	которая сохранилась в памяти народа
		Г)	которую сохраняет в памяти народ
62.	Можно говорить о небольшом количестве слов, **употребляющихся в нашей бытовой речи**.	А)	которые употребляются в нашей бытовой речи
		Б)	которые употреблялись в нашей бытовой речи
		В)	которые мы употребляли в нашей бытовой речи
		Г)	которые мы употребили в нашей бытовой речи

63.	Иностранцы, **которые изучают русский язык**, одновременно овладевают русской культурой.	А) с изучаемым русским языком Б) изучающие русский язык В) изучавшие русский язык Г) изучившие русский язык
64.	В книге, **которую издали в Екатеринбурге**, можно найти много интересного.	А) изданной в Екатеринбурге Б) издающейся в Екатеринбурге В) издававшейся в Екатеринбурге Г) издаваемой в Екатеринбурге
65.	Первой Отечественной войной мы называем войну с Наполеоном, **которая завершилась поражением французов**.	А) завершённую поражением французов Б) завершающуюся поражением французов В) завершившуюся поражением французов Г) завершаемую поражением французов
66.	Необходимо выяснить особенности слов, **которые использовались в прошлом**.	А) использовавшихся в прошлом Б) использованных в прошлом В) использующихся в прошлом Г) используемых в прошлом
67.	**Укрепив власть**, Пётр I занялся реформами в государстве.	А) во время укрепления власти Б) до укрепления власти В) перед укреплением власти Г) после укрепления власти

68.	**Возглавляя государство**, Петр I расширял международные связи России.	А)	когда возглавил государство
		Б)	когда возглавит государство
		В)	когда возглавляет государство
		Г)	когда возглавлял государство
69.	**Не понимая ни слова по-русски**, Джон смог тем не менее найти нужный ему адрес.	А)	так как не понимал ни слова по-русски
		Б)	если не понимал ни слова по-русски
		В)	хотя не понимал ни слова по-русски
		Г)	когда не понимал ни слова по-русски
70.	Брат, **заработав много денег**, купил себе новую машину.	А)	когда заработал много денег
		Б)	если заработает много денег
		В)	когда заработает много денег
		Г)	который заработает много денег
71.	Марина засмеялась, **когда услышала эту новость**.	А)	услышав эту новость
		Б)	слыша эту новость
		В)	услышавшая эту новость
		Г)	слышавшая эту новость
72.	**Хотя мы расстались**, мы продолжаем любить друг друга.	А)	расставшиеся
		Б)	расставаясь
		В)	расставшись
		Г)	расстающиеся

73.	**Если постараться**, можно прочитать эту книгу за день.	А) Б) В) Г)	постаравшись стараясь старавшиеся постаравшийся
74.	Будьте внимательны, **когда переходите дорогу**.	А) Б) В) Г)	переходящие дорогу переходив дорогу переходя дорогу перейдя дорогу
75.	После урока дети **с криком** бегали по коридору.	А) Б) В) Г)	крича крикнув кричащие крикнувшие

ЧАСТЬ 4

В заданиях 76–93 выберите свой вариант ответа и отметьте его в матрице 4.

76.	Все считали Ивана неспособным студентом, … очень скоро стало ясно, что это не так.	А) Б) В) Г)	и а но да
77.	Начался сильный дождь, … мы не знали, куда спрятаться.	А) Б) В) Г)	хотя зато да и
78.	Вчера в телевизионных новостях был показан интересный сюжет, … рассказывалось о служебных собаках.	А) Б) В) Г)	о котором с которым в котором на котором

79.	Встреча с молодым автором, … книгами я не был знаком, состоялась вчера в университете.	А) Б) В) Г)	с какими с чьими с которыми с которым
80.	Наконец установилась прекрасная погода, … бывает на Урале в конце апреля.	А) Б) В) Г)	какая чья если когда
81.	Около дверей кафедры русского языка появилось объявление … .	А) Б) В) Г)	чтобы завтра экскурсия была в 12 часов будет ли завтра экскурсия в 12 часов что завтра будет экскурсия в 12 часов в котором экскурсия будет завтра в 12 часов
82.	Ни у кого нет сомнений … , что время необратимо и невозвратно.	А) Б) В) Г)	тем тому с тем в том
83.	Экзамен удалось сдать … , кто хорошо к нему подготовился.	А) Б) В) Г)	тем теми те для тех
84.	Летом я собираюсь поехать в Европу, … я ещё ни разу не бывал.	А) Б) В) Г)	когда где куда откуда
85.	В программе «Случайный свидетель» показывают то, … мы никогда не видели.	А) Б) В) Г)	какого которого чему чего

86.	Мы так и не поняли, … обратился этот человек с вопросом.	А) к кому Б) кому В) у кого Г) с кем
87.	К сожалению, я не получил твою записку и не знаю, … в ней сообщается.	А) чему Б) о чём В) чем Г) с чем
88.	Дети выбежали из класса, … прозвенел звонок.	А) если Б) как только В) пока не Г) пока
89.	Хорошо подумай, … перейти на другую работу.	А) прежде чем Б) пока В) пока не Г) после того как
90.	Родители не знают, … сын перестал им писать.	А) если Б) отчего В) потому что Г) раз
91.	Поменяй эту сумку на другую, … она тебе не нравится.	А) когда Б) поэтому В) из-за чего Г) раз
92	… все устали и очень хотели спать, веселье продолжалось всю ночь.	А) Благодаря тому Б) Так как В) Несмотря на то что Г) Если
93.	… держались очень сильные морозы, дети не посещали школу.	А) Благодаря тому что Б) Из того что В) Из-за того что Г) Для того чтобы

В заданиях 94–100 установите синонимические соответствия между выделенными конструкциями и вариантами ответа. Отметьте свой выбор в матрице 4.

94.	Старший брат занял первое место в беге на коньках, **тренируясь в спортивном клубе всего около года**.	А)	так как тренировался в спортивном клубе всего около года
		Б)	если тренировался в спортивном клубе всего около года
		В)	когда тренировался в спортивном клубе всего около года
		Г)	хотя тренировался в спортивном клубе всего около года
95.	Он занимается русским языком, **мечтая прочитать Достоевского в оригинале**.	А)	так как мечтает прочитать Достоевского в оригинале.
		Б)	поэтому мечтает прочитать Достоевского в оригинале
		В)	когда мечтает прочитать Достоевского в оригинале
		Г)	хотя мечтает прочитать Достоевского в оригинале
96.	**При встрече** не рассказывайте ему ни о чем.	А)	благодаря тому что встретите его
		Б)	хотя встретите его
		В)	когда встретите его
		Г)	так как встретите его
97.	**За разговорами** мы не заметили, как прошла ночь.	А)	так как мы будем разговаривать
		Б)	после того как мы будем разговаривать
		В)	когда разговариваем
		Г)	когда мы разговаривали

98.	**От стыда** она не смела поднять глаз.	А)	поскольку ей было стыдно
		Б)	если ей было стыдно
		В)	хотя ей было стыдно
		Г)	несмотря на то что ей было стыдно
99.	Я хочу после занятий пойти в кинотеатр **посмотреть фильм «Сволочи»**.	А)	чтобы посмотрел фильм «Сволочи»
		Б)	чтобы посмотреть фильм «Сволочи»
		В)	из-за того чтобы посмотреть фильм «Сволочи»
		Г)	так как посмотрел фильм «Сволочи»
100.	Друзья спросили меня: **«Ты собираешься летом поехать в Санкт-Петербург?»**.	А)	куда я собираюсь летом поехать
		Б)	что я собираюсь летом поехать в Санкт-Петербург
		В)	кто собирается летом поехать в Санкт-Петербург
		Г)	собираюсь ли я летом поехать в Санкт-Петербург

ЧАСТЬ 5

В заданиях 101–125 выберите свой вариант ответа и отметьте его в матрице 5.

101.	Книги были переданы библиотеке по ….	А)	описанию
		Б)	писанию
		В)	описи
		Г)	описке

102.	Многие получают газеты и журналы по… , которая проводится ежегодно.	А) Б) В) Г)	записке отписке прописке подписке
103.	Студенты получили … перевести незнакомые слова на родной язык.	А) Б) В) Г)	задание задаток задумку задержку
104.	В толковых словарях даются различного рода стилистические … .	А) Б) В) Г)	пометки пометы отметки метки
105.	На уроках по письму мы часто пишем … диктанты.	А) Б) В) Г)	дословные словесные условные словарные
106.	… сотрудничество между странами должно быть взаимовыгодным.	А) Б) В) Г)	Экономическое Экономное Экономичное Экономнее
107.	В стране создан комитет по чрезвычайным … .	А) Б) В) Г)	обстановкам ситуациям положениям остановкам
108.	… профессии – шаг очень ответственный.	А) Б) В) Г)	Выборы Избрание Выбор Выборка
109.	Он прочитал очень быстро … рассказ.	А) Б) В) Г)	кратный короткий кроткий коротко

110.	Наше государство оказывает … помощь многим странам Африки и Азии.	А) дружелюбную Б) дружную В) дружескую Г) дружественную
111.	Обсудив план работы, мы пришли к … мнению о сроках выполнения заказа.	А) единственному Б) единому В) единичному Г) одинокому
112.	Заходите к нам ещё … .	А) как-нибудь Б) кое-как В) как-то Г) когда-то
113.	Он ещё плохо … говорить по-русски.	А) может Б) умеет В) владеет Г) знает
114.	Мне непонятно, …, пожалуйста, примеры.	А) подай Б) выдай В) приведи Г) принеси
115.	Он даже зимой … без шапки.	А) носит Б) одевается В) ходит Г) надевает
116.	За неделю мы … всю Москву и теперь хорошо знаем её историю.	А) обошли Б) обойдём В) проходили Г) переходили
117.	Если плохо знаешь город, то … спрашивать у прохожих, как найти нужный адрес.	А) везёт Б) удаётся В) посчастливится Г) приходится

118.	Если болит горло, то кипячёное молоко лучше вначале … и потом пить тёплым.	А) остуди Б) остудить В) застудить Г) простудить
119.	Чтобы телевизор хорошо работал, надо … мощную антенну.	А) исключить Б) подключить В) переключить Г) заключить
120.	Олимпийским чемпионам … памятные подарки и призы.	А) вручили Б) поручили В) выручили Г) врученные
121.	Вахтёр … на смену ровно в 7 утра.	А) вступил Б) заступил В) выступил Г) приступил
122.	Я … на проходящую мимо девушку и пропустил свой автобус.	А) всмотрелся Б) насмотрелся В) засмотрелся Г) присмотрелся
123.	Мы … в лаборатории 3 часа, но не завершили эксперимент.	А) проработали Б) переработали В) обработали Г) заработали
124.	Только я тебя очень прошу, не … никому о нашем разговоре.	А) договорись Б) проговорись В) сговорись Г) выговорись
125.	С ним интересно разговаривать: он … знает.	А) чересчур Б) достаточно В) много Г) излишне

ЧАСТЬ 6

Инструкция к заданиям 126–132

В заданиях 126–132 выберите свой вариант ответа и отметьте его в матрице №6.

	Федор Михайлович Достоевский		
126.	В восемнадцать лет Достоевский остался … .	А) Б) В) Г)	сирота сиротой у сироты сироте
127.	Успех его первого романа «Бедные люди» был … .	А) Б) В) Г)	грандиозным грандиозно грандиозной грандиозные
128.	За участие в работе революционного кружка Петрашевского он был … .	А) Б) В) Г)	арестованный и приговорённый к расстрелу арестованная и приговорённая к расстрелу арестован и приговорён к расстрелу арестованным и приговорённым к расстрелу
129.	В 1857 г. Достоевский женится на Марии Исаевой, однако брак оказывается … .	А) Б) В) Г)	неудачное неудачно неудачным неудачной
130.	По возвращении в Петербург писатель активно участвует в издании журналов «Время», «Эпоха», … которых был его брат.	А) Б) В) Г)	владельцами владелец владельца владельцем

131.	В романе «Идиот» писатель пытался создать образ «положительного прекрасного человека». Существует предположение, что … его стал Лев Николаевич Толстой.	А) Б) В) Г)	прототип прототипом прототипа с прототипом
132.	Без преувеличения можно сказать, что роман «Преступление и наказание» оказался … для XX века.	А) Б) В) Г)	пророческой пророческим пророческими пророческое

Инструкция к заданиям 133–140

В заданиях 133–140 представлен текст официального заявления. Выберите свой вариант ответа и отметьте его в матрице № 6.

133.	… Скворцову А.Н.	А) Б) В) Г)	Товарищу директору Уважаемому директору Господину директору Директору средней школы № 109
134.	… Иванова Александра	А) Б) В) Г)	ученик 8 «Б» класса ученика в 8 «Б» классе про ученика 8 «Б» класса от ученика 8 «Б» класса
135.	**Заявление** … Вас	А) Б) В) Г)	Прошу Хочу просить Попрошу Спрошу

136.	… мне	А) Б) В) Г)	решить решать разрешить разрешать
137.	… на занятиях в школе	А) Б) В) Г)	не сидеть не быть отсутствовать не учиться
138.	… 2006 года	А) Б) В) Г)	от 3 марта до 5 марта на 3 на 5 марта 3 до 5 марта с 3 по 5 марта
139.	… в это время пройдут спортивные соревнования по плаванию.	А) Б) В) Г)	по поводу того что в результате того что впоследствии так как
140.	Меня … в юношескую сборную для участия в этих соревнованиях. 1 марта 2006 г. А. Иванов	А) Б) В) Г)	включили подключили заключили вступили

Инструкция к заданиям 141–145

В заданиях 141–145 представлен текст-аннотация к хрестоматии по русской литературе XIX века (составители А.В. Волегов, Т.И. Смирнова).

Выберите свой вариант ответа и отметьте его в матрице № 6.

141.	Комплекс … в соответствии с курсом истории русской литературы	А) Б) В) Г)	наработан разработан отработан выработан
142.	и … в первую очередь для бакалавров-русистов.	А) Б) В) Г)	посвящается предназначен посвящён представлен
143.	В первой и второй частях комплекса … нормы русского художественного текста.	А) Б) В) Г)	описывают написали рассматривали рассматриваются
144.	В хрестоматийной форме … история русской литературы с древних времен до XIX века.	А) Б) В) Г)	поставлена проставлена обставлена представлена
145.	В настоящем издании … отрывки из наиболее известных произведений великих русских писателей XIX века.	А) Б) В) Г)	вводятся приводятся проводятся введены

Инструкция к заданиям 146–150

В заданиях 146–150 представлены примеры газетно-публицистического стиля.

Выберите свой вариант ответа и отметьте его в матрице № 6.

146.	Международная обстановка … благоприятно для нашей страны.	А) сказывается Б) складывается В) создаётся Г) состоится
147.	Успеху работы комиссии … избрание в нее компетентных специалистов.	А) помогало Б) составляло В) способствовало Г) влияло
148.	Был издан указ Президента, в котором говорилось, что эти действия … «в целях вывода страны из политического и экономического кризиса».	А) имеются Б) поднимаются В) предпринимаются Г) принялись
149.	12 декабря 1993 года был … референдум по проекту Конституции.	А) сделан Б) составлен В) создан Г) проведён
150.	Итоги референдума … для введения в России нового политического устройства – президентской республики.	А) дали свободу Б) дали основание В) приняли решение Г) дали ответ

Субтест 2. ЧТЕНИЕ

Инструкция по выполнению теста

- Время выполнения теста – **60 мин**.

- Тест состоит из 2 частей:

    часть 1 (задания 1-12) – выполняется на основе текстов 1, 2;
    часть 2 (задания 13-23) – выполняется на основе текста 3.

- Вы получаете тест. Он состоит из трёх текстов, тестовых заданий к ним и матрицы. На листе с матрицей напишите Ваши имя и фамилию.

- После того, как Вы прочитаете текст и ознакомитесь с заданиями, выберите свой вариант ответа к каждому из них и отметьте его в матрице под соответствующим номером. Выбирая ответ, отметьте букву, которой он обозначен. Например:

| 3 | А | Б ✓ | В | Г | |

(Вы выбрали вариант Б).

- Если Вы изменили решение, не надо ничего исправлять и зачёркивать. Внесите свой окончательный вариант ответа в дополнительную графу.

| 3 | А | Б ✓ | В | Г | **В** |

(Ваш выбор – вариант В).

- При выполнении заданий части 2 можно пользоваться Толковым словарём русского языка.

- В тесте ничего не пишите! Проверяться будет только матрица.

ЧАСТЬ 1

Инструкция к заданиям 1–6

- Вам предъявляется текст.
- Ваша задача – прочитать текст и закончить предложения, данные после текста, выбрав правильный вариант.
- Внесите свой вариант ответа в матрицу.
- Время выполнения задания: **15 минут**.

Задания 1–6. Прочитайте текст 1 и предложения, которые даны после текста. Выполните задания в соответствии с инструкцией.

Текст 1

Многие люди постоянно жалуются на стресс, особенно люди, живущие в городе.

Канадский физиолог Ганс Селье первым стал изучать стресс, как он влияет на организм. С английского слово stress переводится как «напряжение». В быту это слово обычно так и понимают. Ганс Селье определял его шире: «Стресс – это неспецифический ответ организма на предъявленные ему требования». То есть стрессом организм отвечает на необычную ситуацию, которая требует немедленного решения. Стресс возникает в организме, когда человек сталкивается с опасностью или чрезмерной нагрузкой.

Многие думают, что стресс – психологическая проблема, но на самом деле у него физиологические причины. Стресс начинается с тревоги. Организм человека готовится биться или бежать: мышцы напрягаются, дыхание становится частым, сердце стучит сильнее, кровь лучше снабжает мышцы кислородом. Органы и системы начинают работать максимально. На время этой стадии стресса человек становится сильнее, быстрее, выносливее.

Бежать, бороться и замирать – вот три способа, которыми природа научила организм человека реагировать на стресс. По тому, как психика реагирует на стресс, всех людей можно условно разделить на три типа: Борец, Беглец и Беспомощный.

Типичных реакций организма на стресс три.

Борец в ситуации стресса становится возбуждённым, бросается на весь мир с кулаками. Его организм готовится к жестокой битве, где он должен победить. Но никакой битвы чаще всего не происходит. Однако организм Борца не может расслабиться. В результате этого развиваются болезни, типичные для Борцов: болезни сердца и кровеносных сосудов. От этих болезней часто умирают люди в экономически развитых странах.

Беглец всеми силами старается избежать реальной и предполагаемой опасности. Он становится сверхосторожным, впадает в панику по любому поводу. Такие люди не вступают в конфликт, стараются не перерабатывать, увольняются с работы, которая кажется им слишком нервной. Типичные беглецы чаще всего страдают от болезней желудочно-кишечного тракта.

Беспомощный от стресса становится похожим на маленького ребёнка. Почувствовав опасность, ребёнок часто замирает. Когда Беспомощный не может решить проблему, он часто отстраняется от проблем, он не знает, что делать, и надеется, что всё как-нибудь разрешится само собой. Его иммунитет ослабевает, и человек начинает страдать от многих болезней. У Беспомощного часто бывают тяжёлые депрессии.

Если избежать стрессов не получается, можно хотя бы научиться снимать стресс. По данным социологов, 46% россиян снимают стресс, смотря телевизионные передачи, 19% – с помощью музыки и танцев, 16% отвлекаются от стресса с помощью еды, 19% пьют алкоголь, 12% снимают напряжение на стадионе и спортплощадках, 9% считают, что лучшее лекарство от стресса – секс. Ни один из этих способов, к сожалению, не совершенен.

Наиболее эффективный способ избавиться от стресса – больше двигаться. Не следует допускать, чтобы возникшее во время стресса физическое напряжение перешло в психическое. Многие люди чувствуют это. Испытав стресс на работе, они идут в тренажёрные залы, на дискотеки, занимаются экстремальным спортом.

Есть и другие способы самостоятельно снять физическое напряжение. Например, медитация и ароматерапия. Также можно обратиться к врачу-психотерапевту. Психоаналитик поможет понять, почему та или иная ситуация вызывает стресс.

Вопросы и задания:

1. В основе стресса лежат … .
А) психологические проблемы
Б) физиологические изменения
В) и психические, и физиологические причины

2. Люди какого типа живут под девизом «я справлюсь со всем»?
А) Борец
Б) Беглец
В) Беспомощный

3. Люди какого типа при стрессах часто чувствуют боль в желудке?
А) Борец
Б) Беглец
В) Беспомощный

4. Люди какого типа чаще всего умирают от стресса?

А) Борец

Б) Беглец

В) Беспомощный

5. Люди какого типа часто не знают, как найти выход в стрессовой ситуации?

А) Борец

Б) Беглец

В) Беспомощный

6. Один из самых полезных способов избавиться от стресса ... .

А) больше есть

Б) находиться в движении

В) не отказывать себе во сне

Инструкция к заданиям 7–12

- Вам предъявляется текст.
- Ваша задача – прочитать текст и закончить предложения, данные после текста, выбрав правильный вариант.
- Внесите свой вариант ответа в матрицу.
- Время выполнения задания: **15 мин**.

Задания 7–12. Прочитайте текст и предложения, данные после текста. Выполните задания в соответствии с инструкцией.

Текст 2

Будущее Земли: жара или холод? Есть прогнозы, что через сто лет от повышения температуры Земля превратится в гигантский парник. Если ледники растают, уровень Мирового океана повысится примерно на 65 метров. Что это означает? То, что с карты мира исчезнут целые участки суши. Вымрут некоторые виды северных животных, например, белые медведи и моржи. В горных реках перестанет водиться лосось и форель, потому что вода станет слишком тёплой. В Китае, например, исчезнут широколиственные леса. На Земле начнётся засуха. Люди будут страдать от нехватки питьевой воды и голода.

В потеплении климата традиционно обвиняют человека и созданную им технику и промышленность. Из-за парниковых газов возникает парниковый эффект.

С другой стороны, у изменения климата есть и естественные причины. Дело в том, что природа развивается циклично. Температура то повышается, то понижается, влажные эпохи сменяются сухими и наоборот.

Это доказали гляциологи, учёные, которые исследуют лёд. Российские гляциологи решили пробурить в Антарктиде сверхглубокую скважину: более 3 000 метров. В результате исследователи выяснили, что за последние 420 000 лет на Земле сменилось четыре длительных климатических цикла. Каждый из них состоял из двух эпох – холодной (ледниковой) и тёплой (межледниковой). Эти эпохи делились на несколько частей – то более холодных, то более тёплых. В самые холодные эпохи на Земле становилось очень много льда. А в тёплые эпохи ледники таяли не только в Европе и в Америке, но и в Антарктиде.

Мы живём в очередном межледниковом периоде, который продолжается уже одиннадцать тысяч лет.

Что же нас ждёт? По данным гляциологов, никакие катастрофы в ближайшие десятилетия не ожидаются. Деятельность человека пока всё ещё не может нанести серьёзный вред климату Земли. Природа сама регулирует его. Однако продолжать загрязнять атмосферу не стоит. Уже сейчас парниковых газов стало столько, сколько ещё не было за историю Земли. Пока природа справляется с этим, но неизвестно, сколько это будет продолжаться.

Но снизить объём техногенных выбросов вполне реально.

А ещё нужно помнить, что климат на Земле постоянно меняется.

Так что людям стоит морально подготовиться к тому, что на Земле может стать не только очень тепло, но и очень холодно. Ведь за потеплением неизбежно приходит ледниковый период.

Задания 7-12. Выберите правильный вариант.

7. Потепление климата происходит из-за … .

А) деятельности человека

Б) процессов, происходящих внутри Земли

В) деятельности человека и естественных причин

8. Что повлечёт за собой глобальное потепление?

А) вода зальёт всю сушу

Б) исчезнут некоторые виды животных

В) появятся новые виды рыб

9. Гляциологи изучают … .

А) ледники

Б) животных

В) насекомых

10. Прогнозы учёных по поводу будущего Земли … .

А) пессимистичны

Б) оптимистичны

В) разные

11. Секреты земного климата хранятся … .

   А) в космосе

   Б) в лесах

   В) подо льдом

12. Человечество может … .

   А) уменьшить объём промышленных выбросов

   Б) не обращать внимания на изменение климата

   В) ждать конца света

ЧАСТЬ 2

Инструкция к заданиям 13–23

- Вам предъявляется отрывок из художественного текста.

- Ваша задача – **прочитать текст и закончить предложения**, данные после текста, выбрав правильный вариант.

- Внесите свой вариант ответа в матрицу.

- При выполнении задания можно пользоваться Толковым словарём русского языка.

- Время выполнения задания – **15 мин**.

Прочитайте текст 3 (отрывок из повести К.Г. Паустовского «Исаак Левитан») и предложения, которые даны после текста. Выполните задания в соответствии с инструкцией.

Текст 3

… В 1879 году полиция выселила Левитана из Москвы в дачную местность Салтыковку. Вышел царский указ, запрещавший евреям жить в «исконной русской столице». Левитану было в то время восемнадцать лет.

Лето в Салтыковке Левитан вспоминал потом как самое трудное в жизни. Стояла тяжёлая жара. Почти каждый день были грозы, ворчал гром, но не выпало ни капли дождя.

Особенно томительны были сумерки. На балконе соседней дачи зажигали свет. Ночные бабочки тучами бились о ламповые стёкла. Гимназисты и девушки дурачились и ссорились, а потом, поздним вечером, женский голос пел в саду печальный романс: «Мой голос для тебя и ласковый и томный…»

Он слушал по вечерам из-за забора пение незнакомки и запомнил ещё один романс о том, как «рыдала любовь».

Ему хотелось увидеть женщину, певшую так звонко и печально, увидеть девушек, игравших в крокет. Ему хотелось пить на балконе чай из чистых стаканов, трогать ложечкой ломтик лимона. Ему хотелось хохотать и дурачиться, петь до полуночи и слушать взволнованный шёпот гимназистов о писателе Гаршине. Ему хотелось смотреть в глаза поющей женщины, – глаза поющих всегда полузакрыты и полны печальной прелести.

Но Левитан был беден, почти нищ. Клетчатый пиджак протёрся вконец. Юноша вырос из него. Руки, измазанные краской, торчали из рукавов, как птичьи лапы. Всё лето Левитан ходил босиком. Куда было в таком наряде появиться перед весёлыми дачниками!

И Левитан скрывался. Он брал лодку, заплывал на ней в тростники на дачном пруду и писал этюды, – в лодке ему никто не мешал.

… Мечты о беззаботной жизни наконец сбылись. Левитан сдружился с художником Николаем Чеховым, подружился с чеховской семьёй и прожил три года рядом с нею. В то время Чеховы проводили каждое лето в селе Бабкине.

Семья Чеховых была талантливой, шумной и насмешливой. Дурачествам не было конца. Каждый пустяк, даже ловля карасей или прогулка в лес по грибы, разрастался в весёлое событие. С утра за чайным столом уже начинались невероятные рассказы, выдумки, хохот. Он не затихал до позднего вечера. Все шутили друг над другом.

Особенно попадало Левитану за его красивое еврейское лицо. В своих письмах Чехов часто упоминал о красоте Левитана: «Я приеду к вам красивый, как Левитан», – писал он.

Но имя Левитана стало выразителем не только мужской красоты, но и особой прелести русского пейзажа. Чехов придумал слово «левитанистый» и употреблял его очень метко. Даже картины самого Левитана различались – одни были более левитанистыми, чем другие.

Вначале это казалось шуткой, но со временем стало ясно, что в этом весёлом слове заключён точный смысл – оно выражало собою то особое обаяние пейзажа Средней России, которое из всех тогдашних художников умел передать на полотне один Левитан.

… На рассвете Левитан уходил с Антоном Павловичем удить рыбу. Для рыбной ловли выбирали обрывистые берега, заросшие кустарником. Левитан шёпотом читал стихи Тютчева. Чехов делал страшные глаза и ругался тоже шёпотом, – у него клевало, а стихи пугали осторожную рыбу.

То, о чём Левитан мечтал ещё в Салтыковке, случилось, – игры в горелки, сумерки, яростные споры за вечерним чаем, улыбки и смущение молодых женщин, их ласковые слова, милые ссоры, крики птиц. Несмотря на жизнь, полную летней прелести, Левитан много работал. Стены его сарая были завешаны этюдами. В них на первый взгляд не было ничего нового: те же знакомые всем дороги, перелески, поля, облака и ленивые реки. Знакомый мир возникал на холстах, но было в нём что-то своё, не передаваемое скупыми человеческими словами. Картины Левитана вызывали такую же боль, как воспоминание о страшно далёком, но всегда заманчивом детстве… Левитан был художником печального пейзажа. Пейзаж печален всегда, когда печален человек.

Чем ближе к зрелости, тем чаще Левитан рисовал осень.

Левитан, так же как Пушкин, Тютчев и многие другие, ждал осени, как самого дорогого и мимолётного времени года.

Осень на картинах художника всегда разнообразна. Левитан оставил около ста «осенних» картин. На них были изображены знакомые с детства вещи: стога сена, маленькие реки, одинокие золотые берёзы, небо, похожее на тонкий лёд. Но во всех этих пейзажах, что бы они ни изображали, лучше всего передана печаль прощальных дней.

Жизнь Левитана была бедна событиями. Он мало путешествовал. Он любил только Среднюю Россию. Поездки в другие места он считал напрасной тратой времени. В Италии ему понравилась только Венеция. Во Франции в Париже он увидел картины Моне, но не запомнил их. Только перед смертью он оценил живопись импрессионистов и впервые с признанием упомянул их имена.

Выберите правильный вариант.

13. Левитану не разрешили жить в Москве … .

А) в его юношеские годы

Б) когда он стал зрелым художником

В) в последние годы его жизни

14. Лето в Салтыковке было … .

А) жарким

Б) дождливым

В) холодным

15. Летом молодой художник ходил босиком, потому что … .

   А) было очень жарко

   Б) у него не было денег на обувь

   В) все ходили так

16. Левитан не мог резвиться со своими сверстниками, живущими рядом, потому что … .

   А) ему запрещали

   Б) он выглядел оборванцем

   В) поссорился с соседями

17. Левитан мечтал … .

   А) познакомиться с дачниками

   Б) скрыться ото всех

   В) говорить с соседями о живописи.

18. Левитан уплывал на лодке один… .

   А) так как не любил шумные компании

   Б) любил рисовать в одиночестве

   В) ловить рыбу

19. Мечты Левитана о весёлой жизни осуществились: … .

   А) он подружился с гимназистами

   Б) он много общался с Чеховыми

   В) он познакомился с девушкой, поющей романсы

20. Во время шутливых сцен с друзьями Левитану больше всего доставалось за его … .

   А) красивую внешность

   Б) плохое актёрство

   В) застенчивость

21. Летом семья Чеховых много … .

   А) занималась домашним хозяйством

   Б) играла в теннис

   В) веселилась

22. Осенью Левитан … .

   А) часто болел

   Б) много рисовал

   В) уезжал к морю

23. Все осенние пейзажи объединяет … .

   А) одинаковый сюжет

   Б) тёмный колорит

   В) печальное настроение

24. Левитан … .

   А) любил путешествовать по России

   Б) много путешествовал по Европе

   В) не любил путешествовать

25. Живопись французских импрессионистов … .

   А) Левитан признал в конце жизни

   Б) не привлекала Левитана

   В) понравилась ему сразу

Субтест 3. ПИСЬМО

Инструкция к выполнению теста

- Время выполнения теста – **55 мин**.

- Тест состоит из 3-х заданий.

- Задания и Инструкции к ним Вы получаете в письменном виде.

- В инструкциях содержатся указания:

  ▸ **Жирный шрифт.** Жирным шрифтом в тексте задания выделено намерение (интенции – напр.: **дать рекомендацию, охарактеризовать лицо**), которое Вы должны реализовать в письменной форме, а также **тип/жанр текста**, в котором должен быть написан Ваш текст.

  ▸ **Время выполнения задания.** Время, отведённое на ознакомление с заданием и его выполнение.

  ▸ **Объём печатного текста.** Указывается количество слов в печатном тексте, который дан в задании.

  ▸ **Объём текста.** Учитывается количество слов в тексте, который Вы будете писать в соответствии с заданием.

  ▸ **Время предъявления материала задания.** В случае предъявления печатного текста – время на его чтение.

- При выполнении теста разрешается пользоваться Толковым словарём русского языка.

Инструкция к заданию 1

- Вам будет предъявлен печатный текст/тексты.

- Ваша задача – на основании прочитанного **написать письмо рекомендательного характера**.

- Время предъявления материала: **5 мин**.
- Объём печатного текста: **180 слов**.
- Время выполнения задания: **15 мин**.
- Объём текста: **50–70 слов**.

Задание 1. На основе предложенной рекламной информации напишите письмо, в котором Вы рекомендуете Вашему знакомому / сыну, дочери Вашего знакомого различные учебные заведения для изучения иностранного языка. Ваше письмо должно содержать информацию о предлагаемых услугах в сфере образования, достаточную для принятия решения и позволяющую остановиться на одном из предложенных вариантов.

Лингвистический центр **МАГНИТ** Ул. Добролюбова, 9 Б (недалеко от «Рубина») Тел.: 376-48-69 **Английский! Французский! Немецкий! Испанский! Итальянский!** Утренние, дневные, вечерние группы. В будни и выходные. Для взрослых и детей.	**ВАВИЛОН** Лингвистический центр Пр. Ленина, 85, офис 462 Тел.: 263-75-10, 263-78-20 **Английский, французский, итальянский, немецкий, чешский, турецкий, испанский, китайский – ИНОСТРАННЫЙ по вашим правилам!** **Вы платите не за количество часов, а за объём полученных знаний!** 100% успеха!

Курсы иностранных языков
ГОЛЬФСТРИМ

Занятия в ОДО
Тел.: 213-08-22

Английский, немецкий, испанский, итальянский, французский.

Разговорные курсы для малышей, школьников и взрослых. Подготовка к экзаменам. Подготовка к школе.

Преподаватели из Испании, России и Америки.

ТАЛИСМАН

Пр. Ленина, 35 – 100
Тел.: 371-11-09, 376-81-76

АНГЛИЙСКИЙ ЯЗЫК за 1 месяц

Разговорный интенсив
Начало занятий 7 ноября

Международный образовательный центр
РОЗА МИРА

Ул. Первомайская, 59, оф. 326
Тел.: 370-61-55, 345-90-19

Английский, французский, итальянский, немецкий, испанский, польский, японский, китайский, турецкий, арабский!

Все уровни обучения.

Международные экзамены.
Корпоративное обучение.
Подготовка в вузы, аспирантуру.
Нотариально заверенные переводы.

Международная школа английского языка при центре гражданских инициатив
«Language School International»

Наша школа расположена в самом центре: ул. Бажова, 79, оф. 113
Тел./факс: (343)350-44-25, 350-44-27

Приглашаем вас в нашу школу АНГЛИЙСКОГО ЯЗЫКА!

Утренние и дневные группы, все уровни.

Бизнес-тренинг *«Английский для секретарей»*.

Стоимость обучения от 65 руб./час, предусмотрены скидки.

Центр иностранных языков «ДИПЛОМАТ» Ул. Карла Либкнехта, 6 Тел.: 371-23-32 Английский, китайский, испанский, итальянский! <u>Клуб переписки с иностранцами</u> *Очень низкие цены!*	**Легко понять – легко запомнить! Только в «Denis' School»** Ул. Чапаева, 7, оф. 14 Тел.: 251-40-38, 251-40-81 **Немецкий, английский! ИНТЕНСИВНЫЕ ПРОГРАММЫ** До Нового года! *Приходи учиться* – получи два бесплатных билета в кино (справки по тел.)

Инструкция к заданию 2

- Вам предлагается ситуация, относящаяся к официально-деловой сфере общения.

- Ваша задача – **написать текст официально-делового характера** в соответствии с представленной ситуацией и предложенным заданием.

- Время выполнения задания: **15 мин**.

- Объём текста: **50-70 слов**.

Задание 2. Вы – стажёр кафедры русского языка для иностранных учащихся российского вуза. Ваша стажировка подошла к концу, и в иностранном отделе Вас попросили написать соответствующий документ, который должен показать, чем Вы занимались в течение стажировки и какие результаты Вами достигнуты. Напишите, какие предметы Вы изучали, как Вы занимались самостоятельно, как Вы сдали зачёты и экзамены, принимали ли Вы участие в научных, студенческих конференциях, были ли на экскурсиях и где.

Инструкция к заданию 3

- Вам предлагается ситуация, относящаяся к социально-бытовой сфере общения.
- Ваша задача – **написать неформальное письмо** в соответствии с представленной ситуацией и предложенным заданием.
- Время выполнения задания: **20 мин**.
- Объём текста: **100-150 слов**.

Задание 3. Ваш знакомый – директор туристической фирмы – обратился к Вам с просьбой охарактеризовать человека, который претендует на должность гида-переводчика в этой фирме. Вы хорошо знаете этого претендента по вашей совместной учёбе на подготовительных курсах по данной специальности.

Напишите неофициальное / неформальное письмо, в котором **будут отражены** такие **личностные и профессиональные качества** этого человека, как:
- образование;
- деловые качества;
- опыт работы;
- характер;
- сфера интересов;
- факты и события из его жизни, которые привлекли Ваше внимание.

Оцените, соответствуют ли личностные и профессиональные качества этого человека предполагаемой работе.

Субтест 4. АУДИРОВАНИЕ

Инструкция по выполнению теста

- Время выполнения теста – **35 мин**.

- Тест состоит из 4-х частей, включающих 25 заданий: часть 1 (задания 1–10); часть 2 (задания 11–15); часть 3 (задания 16–20); часть 4 (задания 21–25).

- Перед выполнением теста Вы получаете задания, инструкции к ним в письменном виде и лист с матрицей. На листе с матрицей напишите свои фамилию, имя и название страны.

- Тест выполняется по частям. Вы знакомитесь с инструкцией и заданиями к данной части, прослушиваете текст, затем выбираете вариант ответа к каждому из заданий и отмечаете его в матрице. Например:

| 3 | А | Б ᵛ | В | |

(Вы выбрали вариант Б).

- Если Вы изменили свой выбор, не надо ничего исправлять или зачёркивать. Внесите свой окончательный вариант ответа в дополнительную графу.

| 3 | А | Б ᵛ | В | **В** |

(Ваш выбор – вариант В).

- В инструкциях содержатся указания:

    Время выполнения заданий. Время между двумя заданиями теста по аудированию, отведённое для заполнения матрицы.
    Время звучания аудиотекста. Время, в течение которого звучит запись.
    Количество предъявлений: 1.

- Пользоваться словарём не разрешается. В тесте ничего не пишите! Проверяться будет только матрица.

ЧАСТЬ 1

Инструкция к заданиям 1–5

- **Задания 1–5 выполняются после прослушивания реплики одного из участников диалога.**
- Время выполнения заданий: **5 мин.**
- Время звучания реплики: **30 сек.**
- Количество предъявлений: **1.**

Задания 1–5. Прослушайте реплику одного из участников диалога и выберите вариант ответа к каждому из заданий.

(звучит диалог и задания к нему)

1. В словах говорящего звучит … .

    А) возмущение

    Б) ирония

    В) удивление

2. Говорящий считает, что … .

    А) нужно терпеть холод и непогоду

    Б) лучше отдыхать только за границей

    В) абсолютно напрасно приехал туда

3. Говорящий недоволен в первую очередь … .

    А) организацией отдыха

    Б) соседями по комнате

    В) плохой погодой

4. Речь говорящего – это … .

   А) строгое требование

   Б) его собственное мнение

   В) дружеское приветствие

5. Речь говорящего близка к … .

   А) разговорной

   Б) официальной

   В) книжной

Инструкция к заданиям 6–10

- **Задания 6–10 выполняются после прослушивания рекламной информации.**
- Время выполнения заданий: **5 мин.**
- Время звучания реплики: **30 сек.**
- Количество предъявлений – **1**.

Задания 6–10. Прослушайте информацию и выберите вариант ответа к каждому из заданий.

(звучит информация и задания к ней)

6. Центр по трудоустройству занимается … .

   А) организацией отдыха студентов

   Б) летним обучением студентов

   В) поиском работы для студентов

7. Оплата за труд … .

   А) менее 5 тысяч

   Б) более 5 тысяч

   В) менее 1 тысячи

8. Хотят трудоустроиться … .

   А) старшекурсники

   Б) младшекурсники

   В) абитуриенты

9. Причиной отказа студентам в работе является … .

   А) несовершеннолетие

   Б) плохое здоровье

   В) отсутствие прописки

10. Кроме того, фирмы ограничивают приём на работу … .

   А) неуспевающих студентов

   Б) уже работающих студентов

   В) девушек-студенток

ЧАСТЬ 2

Инструкция к заданиям 11–15

- **Задания 11–15 выполняются после просмотра видеозаписи диалога.**
- Время выполнения заданий: **6 мин.**
- Время звучания диалога: **2 мин.**
- Количество предъявлений: **1**.

Задания 11–15. Посмотрите фрагмент видеозаписи телесериала «Каменская» и выберите вариант ответа к каждому из заданий.

(идёт видеозапись телесериала)

11. Настя зашла к Володе … .

А) абсолютно случайно

Б) по важному делу

В) на день рождения

12. Володя и Настя – … .

А) бывшие коллеги по работе

Б) бывшие влюблённые

В) старые приятели

13. Володя … , что Настя страховой агент.

А) удивлён

Б) обрадован

В) огорчён

14. Настя отказывается от кофе, потому что … .

А) её срочно вызвали по телефону

Б) очень обрадована встречей

В) чувствует себя незваной гостьей

15. Володя хочет, чтобы Настя в этот день … .

А) срочно покинула его дом

Б) осталась пообщаться с ним

В) приготовила ему обед

Инструкция к заданиям 16–20

- **Задания 16–20 выполняются после прослушивания аудиозаписи новостей.**
- Время выполнения заданий: **6 мин.**
- Время звучания аудиотекста: **2 мин.**
- Количество предъявлений: **1**.

Задание 16–20. Прослушайте аудиозапись новостей и выберите вариант ответа к каждому из заданий.

(звучит аудиозапись новостей и задания к ней)

16. **Ограничения на платное обучение сняты на специальности, … .**

    А) спрос на которые увеличился.

    Б) спрос на которые уменьшился.

    В) которые пользуются небывалым спросом.

17. **Соревнования проходили в … форме.**

    А) развлекательно-игровой

    Б) спортивной

    В) близкой к реальной

18. **Последний звонок прозвенел для … .**

    А) заканчивающих школу

    Б) всех школьников

    В) младших школьников

19. Вступление в ВТО для российских ювелиров может привести к ... .

   А) дополнительной прибыли

   Б) последующим убыткам

   В) обмену опытом с другими странами

20. Таможня в аэропорту «Кольцово» задержала ... .

   А) террориста

   Б) вора

   В) контрабандиста

Инструкция к заданиям 21–25

- **Задания 21–25 выполняются после просмотра видеозаписи интервью.**
- Время выполнения заданий: **6 мин.**
- Время звучания аудиотекста: **2 мин.**
- Количество предъявлений: **1.**

Задания 21–25. Посмотрите фрагмент видеозаписи интервью с выдающимся учёным Дмитрием Сергеевичем Лихачёвым и выберите вариант ответа к каждому из заданий.

(идёт видеозапись интервью)

21. Отец Д.С. Лихачёва был потомственным ... .

   А) москвичом

   Б) петербуржцем

   В) купцом

22. По мнению Д.С. Лихачёва, невозможно замаскироваться под (принять облик) ... человека.

   А) добродетельного

   Б) правдивого

   В) интеллигентного

23. Д.С. Лихачёв считает, что настоящее художественное произведение должно содержать в себе ... .

   А) нераскрытые мысли (идеи)

   Б) законченность сюжета

   В) полное понимание идеи

24. Д.С. Лихачёв убеждён, что архитектура должна принадлежать ... .

   А) государству

   Б) всем людям

   В) частным лицам

25. С точки зрения Д.С. Лихачёва, российские университеты отличаются от других университетов Европы ... .

   А) устремлённостью в будущее

   Б) своим прекрасным настоящим

   В) своими прошлыми традициями

Субтест 5. ГОВОРЕНИЕ

Инструкция по выполнению теста

- Время выполнения теста – **45 мин**.
- Тест состоит из 3-х частей, включающих 15 заданий.
- Задания и инструкции к ним Вы получаете в письменном виде.
- В инструкциях содержатся указания:

    ▸ **Вы работаете с магнитофоном!** Это означает, что реплики Вашего собеседника записаны на плёнку и Ваши ответные реплики должны уложиться в паузы после реплик собеседника.

    ▸ **Ваш собеседник – тестирующий.** Это означает, что роль Вашего собеседника в соответствии с предъявленным заданием выполняет тестирующий.

    ▸ **Задание выполняется без подготовки.** Это означает, что задание выполняется сразу после его предъявления.

    ▸ **Жирный шрифт.** Жирным шрифтом в тексте заданий выделены слова, обозначающие намерения (интенции). Эти намерения Вы должны обязательно выразить в ходе выполнения задания. Например: **согласитесь, выразите мнение, убедите** и т.д.

    ▸ **Время выполнения задания.** Учитывается только время устного сообщения.

    ▸ **Время на подготовку.** Это означает, что после предъявления задания Вам даётся определённое время на подготовку к его выполнению.

    ▸ **Пауза для ответа.** Это означает, что Ваша реплика должна уложиться в указанное время.

- Все Ваши высказывания записываются на пленку.
- Пользоваться словарем не разрешается.
- Задания 1-4 и 5-8 выполняются без предъявления реплик тестора в письменном виде.

ЧАСТЬ 1

Инструкция к заданиям 1–4

- **Вы работаете с магнитофоном!**
- Ваша задача – **поддержать диалог** в соответствии с заданием.
- Задание выполняется без подготовки.
- Время выполнения задания: **1,5 мин**.
- Пауза для ответа: **10 сек**.
- Количество предъявлений: **1**.

Задания 1–4. Представьте себе, что вы с другом были на экскурсии. Вам экскурсия понравилась, а другу – нет. Возразите ему, используйте антонимичные оценочные слова.

1. – Я ничего не понял, экскурсовод говорил быстро и сложно.
   – … .
2. – В автобусе было слишком душно.
   – … .
3. – Я устал оттого, что туристы такие шумные.
   – … .
4. – Да и тема экскурсии вовсе не актуальна для нас.
   – … .

Инструкция к заданиям 5–8

- **Вы работаете с диктофоном!**
- Ваша задача – **ответить** на реплики собеседника в соответствии с заданной ситуацией и указанным намерением.
- **Задание выполняется без подготовки.**

- Время выполнения задания: **1,5 мин.**
- Пауза для ответа: **15 сек.**
- Количество предъявлений: **1.**

Задания 5–8. Вы идёте на научную конференцию. Ваш друг сомневается в успехе своего выступления. Отреагируйте на реплики собеседника, выражая заданные намерения.

5. – Выразите радость:

– Мне сказали, что моя тема очень актуальна для этой конференции.

– … .

6. – Утешьте:

– Но я всегда боялся говорить на публике. Точно всё забуду.

– … .

7. – Посоветуйте:

– А если я не смогу ответить на вопросы?

– … .

8. – Выразите пожелание:

– Минут 10 осталось до моего доклада.

– … .

Инструкция к заданиям 9–12

- **Вы работаете с магнитофоном!**
- Вам будут предъявлены **4 реплики** в письменном виде.
- Ваша задача – **воспроизвести** реплики с интонацией, соответствующей намерению, которое предложено в задании.

- **Задание выполняется без подготовки.**
- Время выполнения задания: **1,5 мин**.

Задания 9–12. Воспроизведите реплики с интонацией, соответствующей следующим намерениям:

9. Вы **возмущены:** – Но ты не сделал то, что сам обещал!

10. Вы **недовольны:** – Из-за него придётся в выходные работать, а можно было всё сделать вовремя.

11. Вы **рады:** – Моя сестра выходит замуж!

12. Вы **делаете комплимент:** – Ты сегодня потрясающе выглядишь!

ЧАСТЬ 2

Инструкция к заданию 13

- **Задание 13** выполняется после просмотра **видеосюжета**.
- Ваша задача – составить **подробный рассказ** об увиденном в соответствии с предложенным заданием.
- Количество предъявлений: **1**.
- Время на подготовку: **10 мин**.
- Время выполнения задания: **3–5 мин**.

Задание 13. Расскажите о просмотренном отрывке из фильма. Опишите ситуацию и действующих лиц и выскажите предположение, почему, по Вашему мнению, возникла такая ситуация.

Инструкция к заданию 14

- Вы **инициатор** диалога.

- **Ваш собеседник – тестирующий.**

- Ваша задача – подробно **расспросить** своего собеседника, исходя из предложенной ситуации.

- Время на подготовку: **3 мин**.

- Время выполнения задания: **3–5 мин**.

Задание 14. Вы прочитали в газете объявление.

«Регулярно из Екатеринбурга! Египет, Таиланд, Малайзия, Бали. Великолепный отдых в жарких странах круглый год. Комфортно, надёжно, увлекательно. С нами вы почувствуете экзотику дальних стран.

«Элита трэвэл», ул. Пушкина, 4, тел.: (343)-3-719-241».

Это объявление вас заинтересовало. Позвоните по указанному телефону и расспросите обо всём как можно более подробно, чтобы решить, куда поехать отдыхать.

Инструкция к заданию 15

- Вы должны принять участие в **обсуждении** определенной **проблемы**.

- **Ваш собеседник – тестирующий.**

- Ваша задача – в процессе беседы **высказать и отстоять свою точку зрения** по предложенному вопросу, адекватно реагируя на реплики тестирующего.

- **Задание выполняется без подготовки.**

- Время выполнения задания: **не более 10 мин**.

Задание 15. Примите участие в беседе на тему, предложенную тестирующим.

Возможные варианты тем:

1. Жизнь в столице и в провинции.

2. Глобализация и сохранение национальных традиций.

3. Что такое терроризм и как с ним бороться?

4. Защита природы – внутренняя проблема государства или международная?

5. Учёба за границей: плюсы и минусы.

6. Природа и человек в современном мире: контакт или противостояние?

2부 **정답**

Контрольные матрицы

ЛЕКСИКА. ГРАММАТИКА

어휘, 문법 영역 정답

	Матрица № 1			
1	А	Б	**В**	Г
2	А	Б	В	**Г**
3	А	Б	**В**	Г
4	**А**	Б	В	Г
5	А	Б	**В**	Г
6	А	Б	В	**Г**
7	А	**Б**	В	Г
8	А	**Б**	В	Г
9	А	Б	**В**	Г
10	**А**	Б		
11	**А**	Б		
12	А	**Б**		
13	**А**	Б		
14	А	**Б**		
15	**А**	Б		
16	А	**Б**		
17	А	**Б**		
18	**А**	Б		
19	А	**Б**		
20	**А**	Б		
21	А	**Б**		
22	А	**Б**		
23	А	**Б**		
24	**А**	Б		
25	А	**Б**		

	Матрица № 2			
26	**А**	Б	В	Г
27	А	Б	В	**Г**
28	А	**Б**	В	Г
29	**А**	Б	В	Г
30	А	Б	В	**Г**
31	А	**Б**	В	Г
32	А	Б	**В**	Г
33	А	Б	**В**	Г
34	А	**Б**	В	Г
35	А	Б	В	**Г**
36	**А**	Б	В	Г
37	**А**	Б	В	Г
38	А	Б	**В**	Г
39	А	Б	**В**	Г
40	А	Б	В	**Г**
41	**А**	Б	В	Г
42	А	**Б**	В	Г
43	А	Б	В	**Г**
44	А	**Б**	В	Г
45	**А**	Б	В	Г
46	А	Б	**В**	Г
47	А	Б	**В**	Г
48	А	**Б**	В	Г
49	А	Б	В	**Г**
50	А	Б	В	**Г**

Матрица № 3				
51	А	**Б**	В	Г
52	А	Б	**В**	Г
53	А	Б	В	**Г**
54	А	**Б**	В	Г
55	А	Б	В	**Г**
56	А	**Б**	В	Г
57	А	Б	**В**	Г
58	А	Б	**В**	Г
59	**А**	Б	В	Г
60	А	Б	**В**	Г
61	А	Б	**В**	Г
62	**А**	Б	В	Г
63	А	**Б**	В	Г
64	**А**	Б	В	Г
65	А	Б	**В**	Г
66	**А**	Б	В	Г
67	А	Б	В	**Г**
68	А	Б	В	**Г**
69	А	Б	**В**	Г
70	**А**	Б	В	Г
71	**А**	Б	В	Г
72	А	Б	**В**	Г
73	**А**	Б	В	Г
74	А	Б	**В**	Г
75	**А**	Б	В	Г

Матрица № 4				
76	А	Б	**В**	Г
77	А	Б	В	**Г**
78	А	Б	**В**	Г
79	А	**Б**	В	Г
80	**А**	Б	В	Г
81	А	Б	**В**	Г
82	А	Б	В	**Г**
83	**А**	Б	В	Г
84	А	**Б**	В	Г
85	А	Б	В	**Г**
86	**А**	Б	В	Г
87	А	**Б**	В	Г
88	А	**Б**	В	Г
89	**А**	Б	В	Г
90	А	**Б**	В	Г
91	А	Б	В	**Г**
92	А	Б	**В**	Г
93	А	Б	**В**	Г
94	А	Б	В	**Г**
95	**А**	Б	В	Г
96	А	Б	**В**	Г
97	А	Б	В	**Г**
98	**А**	Б	В	Г
99	А	**Б**	В	Г
100	А	Б	В	**Г**

Матрица № 5				
101	А	**Б**	В	Г
102	А	Б	В	**Г**
103	**А**	Б	В	Г
104	А	**Б**	В	Г
105	А	Б	В	**Г**
106	**А**	Б	В	Г
107	А	**Б**	В	Г
108	А	Б	**В**	Г
109	А	**Б**	В	Г
110	А	Б	**В**	Г
111	А	**Б**	В	Г
112	**А**	Б	В	Г
113	А	**Б**	В	Г
114	А	Б	**В**	Г
115	А	Б	**В**	Г
116	**А**	Б	В	Г
117	А	Б	В	**Г**
118	А	**Б**	В	Г
119	А	**Б**	В	Г
120	**А**	Б	В	Г
121	А	**Б**	В	Г
122	А	Б	**В**	Г
123	**А**	Б	В	Г
124	А	**Б**	В	Г
125	А	Б	**В**	Г

Матрица № 6				
126	А	**Б**	В	Г
127	**А**	Б	В	Г
128	А	Б	**В**	Г
129	А	Б	**В**	Г
130	А	Б	В	**Г**
131	А	**Б**	В	Г
132	А	**Б**	В	Г
133	А	Б	В	**Г**
134	А	Б	В	**Г**
135	**А**	Б	В	Г
136	А	Б	**В**	Г
137	А	Б	**В**	Г
138	А	Б	В	**Г**
139	А	Б	В	**Г**
140	**А**	Б	В	Г
141	А	**Б**	В	Г
142	А	**Б**	В	Г
143	А	Б	В	**Г**
144	А	Б	В	**Г**
145	А	**Б**	В	Г
146	А	**Б**	В	Г
147	А	Б	**В**	Г
148	А	Б	**В**	Г
149	А	Б	В	**Г**
150	А	**Б**	В	Г

Итоговая контрольная таблица

Часть	Количество ситуаций выбора	Задания	Оценка в баллах	Максимальное количество баллов	Количество баллов, полученное тестируемым
1	25	1 – 25	1,0	25	
2	25	26 – 50	1,0	25	
3	25	51 – 75	1,0	25	
4	25	76 – 100	1,0	25	
5	25	101 – 125	1,0	25	
6	25	126 – 150	1,0	25	
Итого:	150	150		150	

Таким образом, весь тест по лексике и грамматике оценивается в 150 баллов. При оценке результатов тестирования выделяется два уровня:

удовлетворительный – **99** баллов и выше

неудовлетворительный – менее **99** баллов

ЧТЕНИЕ

읽기 영역 정답

1	А	**Б**	В
2	**А**	Б	В
3	А	**Б**	В
4	**А**	Б	В
5	А	Б	**В**
6	А	**Б**	В
7	А	Б	**В**
8	А	**Б**	В
9	**А**	Б	В
10	А	Б	**В**
11	А	Б	**В**
12	**А**	Б	В
13	**А**	Б	В

14	**А**	Б	В
15	А	**Б**	В
16	А	**Б**	В
17	**А**	Б	В
18	А	**Б**	В
19	А	**Б**	В
20	**А**	Б	В
21	А	Б	**В**
22	А	**Б**	В
23	А	Б	**В**
24	А	Б	**В**
25	**А**	Б	В

Итоговая контрольная таблица

Задания	Максимальная оценка в баллах по каждому тексту	Количество баллов, полученное тестируемым
1 – 6	36	
7 – 12	36	
13 – 25	78	
Итого:	150	

Таким образом, весь тест по чтению оценивается в 150 баллов.

При оценке результатов тестирования по чтению выделяется 2 уровня:

удовлетворительный – **99** баллов и выше

неудовлетворительный – менее **99** баллов.

ПИСЬМО
쓰기 영역 예시 답안

Задание 1. **На основе предложенной рекламной информации напишите письмо, в котором Вы рекомендуете Вашему знакомому / сыну, дочери Вашего знакомого различные учебные заведения для изучения иностранного языка. Ваше письмо должно содержать информацию о предлагаемых услугах в сфере образования, достаточную для принятия решения и позволяющую остановиться на одном из предложенных вариантов.**

Первый вариант ответа

Здравствуй, Ирина!

В ответ на твой вопрос хочу порекомендовать языковой центр «Магнит», где можно изучать итальянский. Ты очень занята, а там есть утренние, дневные и вечерние группы. Ещё там можно заниматься по выходным. Можешь и дочку записать на курс для детей.

Или предлагаю обратиться в «Гольфстрим». Он находится в центре города. Там есть разговорные курсы для взрослых и детей. И там можно подготовиться к международным экзаменам.

Выбор за тобой.

Удачи!

Ольга

Второй вариант ответа

Миша!

В ответ на просьбу твоей мамы рекомендую обратиться в «Language School International». Там есть все уровни, разное время занятий и курс делового английского. Цена очень низкая.

Предлагаю также позвонить в «Талисман». Там есть разговорный интенсив, видимый результат будет уже через месяц. И занятия начинаются на следующей неделе.

Могу посоветовать «Магнит», недалеко от метро. Кроме будних дней, там есть уроки в выходные. Можно заниматься и в вечернее время.

Удачи!

Елена Сергеевна

Задание 2. **Вы – стажёр кафедры русского языка для иностранных учащихся российского вуза. Ваша стажировка подошла к концу, и в иностранном отделе Вас попросили написать соответствующий документ, который должен показать, чем Вы занимались в течение стажировки и какие результаты Вами достигнуты. Напишите, какие предметы Вы изучали, как Вы занимались самостоятельно, как Вы сдали зачёты и экзамены, принимали ли Вы участие в научных, студенческих конференциях, были ли на экскурсиях и где.**

Первый вариант ответа

Отчёт о прохождении стажировки

Я, Ли Гвонмин, студент Пусанского университета (Республика Корея), проходил стажировку в Уральском федеральном университете (Россия) в период с 3 сентября по 30 декабря 2015 года.

За указанный период прослушал курсы по фонетике, грамматике, развитию речи, чтению; в декабре успешно сдал зачёты по этим предметам. В период стажировки пользовался ресурсами научной библиотеки УрФУ.

В октябре ездил на экскурсию в Казань, принял участие в кафедральном конкурсе фотографий «Моя Казань».

30.12.2015.

Студент-стажёр

Ли Гвонмин

Второй вариант ответа

Отчёт о прохождении стажировки

Я, Пак Суён, студентка Университета Корё (Республика Корея), проходила стажировку в Московском государственном университете (Россия) в период с 1 февраля по1 июня 2016 года.

За время стажировки прослушала курсы по грамматике и развитию речи и сдала экзамены по этим предметам (оценка – «отлично»). В апреле приняла участие в конференции «Студенческая весна – 2016». В мае ездила на экскурсию в Санкт-Петербург, где посетила Петропавловскую крепость, Казанский собор, музей-квартиру А.С. Пушкина, Петергоф.

31.05.2016.

Студент-стажёр

Пак Суён

Задание 3. **Ваш знакомый – директор туристической фирмы – обратился к Вам с просьбой охарактеризовать человека, который претендует на должность гида-переводчика в этой фирме. Вы хорошо знаете этого претендента по вашей совместной учёбе на подготовительных курсах по данной специальности.**

Напишите неофициальное / неформальное письмо, в котором **будут отражены** такие **личностные и профессиональные качества** этого человека, как:

- образование;
- деловые качества;
- опыт работы;
- характер;
- сфера интересов;
- факты и события из его жизни, которые привлекли Ваше внимание.

Оцените, соответствуют ли личностные и профессиональные качества этого человека предполагаемой работе.

Первый вариант ответа

Дорогая Оля!

С радостью отвечаю на твою просьбу.

Я хорошо знаю Анну, которая хочет работать гидом-переводчиком в твоей турфирме, мы вместе ходили на подготовительные курсы.

Анна с отличием окончила Российский университет дружбы народов по специальности «Социально-культурный сервис». Я слышала, что она компетентный специалист, ответственный работник. Три года Анна проработала в гостинице «Звёздная» менеджером по персоналу. Год назад получила благодарность и диплом «За добросовестное выполнение обязанностей».

Мне кажется, Анна очень активный и позитивный человек, всегда добивается своей цели. Три года назад начала самостоятельно изучать английский язык и уже сдала международный экзамен. Интересуется сёрфингом, летом отдыхает на море.

Думаю, Анна подходит на должность гида-переводчика, потому что она образованный человек, и это важно для гида, сама любит путешествовать, ответственно подходит к работе.

Решение за тобой.

Целую.

Нина

Второй вариант ответа

Привет, Андрей!

Пишу по поводу твоей просьбы.

Я прекрасно знаю Алёну. С ней мы учились на подготовительных курсах.

Она окончила магистратуру Московского гуманитарного университета по направлению «Туризм», поэтому хорошо знает сферу туризма. Два года преподавала в одном из университетов, затем шесть месяцев проходила стажировку в отеле в Италии, по окончании стажировки получила хорошую характеристику. Интересуется итальянским языком, свободно говорит по-английски, что неоходимо для работы гидом-переводчиком.

Думаю, Алёна умный, креативный, организованный, пунктуальный человек. Когда на курсах объявили конкурс на лучший проект туристического маршрута, она заняла первое место.

Алёна очень приятная в общении, доброжелательная, всегда улыбается, располагает к себе. Это очень важно при работе с людьми.

Андрей, мне кажется, что Алёна идеально подходит для этой должности. Если ты примешь её на работу, не пожалеешь.

Будем на связи!

Пока!

Кристина

Методические рекомендации

Обработка результатов тестирования

Обработка результатов тестирования производится при помощи рейтерских таблиц, составленных для каждого задания.

Рейтерские таблицы представляют собой шкалу оценок, которая учитывает выражение содержания и интенции, а также соответствие лексико-грамматическим нормам.

Тестирующий отмечает выставляемые баллы в рейтерской таблице и заносит сумму баллов за задание в графу **Итого**. Затем подсчитывается количество баллов за каждое задание в графе **Всего**. Количество баллов, полученное за каждое задание, заносится в итоговую контрольную таблицу.

В задании 1 по шестибалльной системе (от 0 до 5) оценивается умение тестируемого составлять письменный текст рекомендательного характера на основе предъявляемой информации.

5 баллов ставится,	если качество речевого продукта тестируемого полностью соответствует основным характеристикам данного параметра, при этом тестируемый демонстрирует владение нормами русского языка.
4 балла ставится,	если качество речевого продукта тестируемого соответствует основным характеристикам данного параметра, но тестируемый допускает ошибки, не ведущие к нарушению норм выражения данного параметра.
3 балла ставится,	если качество речевого продукта тестируемого не вполне соответствует основным характеристикам данного параметра из-за наличия ошибок, искажающих смысл.
2 балла ставится,	если качество речевого продукта тестируемого нарушает нормы речевой реализации данного параметра.
1 балл ставится,	если качество речевого продукта тестируемого не соответствует нормам речевой реализации данного параметра.

0 баллов ставится, если данный параметр не отражён в речи тестируемого.

Рейтерские таблицы. Письмо (II уровень)

Рейтерская таблица № 1

Объекты контроля	Шкала оценок						Итого
СОДЕРЖАТЕЛЬНЫЙ КОМПОНЕНТ							
1. Умение представить информацию, достаточную для принятия решения адресатом речи	0	1	2	3	4	5	
ИНТЕНЦИЯ							
2. Умение дать рекомендацию	0	1	2	3	4	5	
КОМПОЗИЦИОННАЯ СТРУКТУРА И ФОРМА							
3. Адекватность формы и структуры изложения содержанию и интенциям продуцируемого текста	0	1	2	3	4	5	
ЯЗЫКОВЫЕ СРЕДСТВА							
4. Соответствие использованных языковых средств нормам современного русского языка	0	1	2	3	4	5	

Всего:

В задании 2 по шестибалльной системе (от 0 до 5) оценивается умение тестируемого писать текст официально-делового характера.

Рейтерская таблица № 2

Объекты контроля	Шкала оценок						Итого
СОДЕРЖАТЕЛЬНЫЙ КОМПОНЕНТ							
1. Умение представить ситуацию	0	1	2	3	4	5	
ИНТЕНЦИЯ							
2. Умение выразить интенцию в соответствии с предлагаемым заданием	0	1	2	3	4	5	
КОМПОЗИЦИОННАЯ СТРУКТУРА И ФОРМА							
3. Адекватность формы и структуры изложения содержанию и интенциям продуцируемого текста	0	1	2	3	4	5	
ЯЗЫКОВЫЕ СРЕДСТВА							
4. Соответствие использованных языковых средств нормам современного русского языка	0	1	2	3	4	5	

Всего:

В задании 3 по шестибалльной системе (от 0 до 5) оценивается умение тестируемого писать неформальное письмо.

Рейтерская таблица № 3

Объекты контроля	Шкала оценок						Итого
СОДЕРЖАТЕЛЬНЫЙ КОМПОНЕНТ							
1. Умение охарактеризовать личные качества	0	1	2	3	4	5	

2. Умение охарактеризовать деловые качества	0	1	2	3	4	5	
ИНТЕНЦИЯ							
3. Умение выразить интенцию в соответствии с предлагаемым заданием	0	1	2	3	4	5	
КОМПОЗИЦИОННАЯ СТРУКТУРА И ФОРМА							
4. Адекватность формы и структуры изложения содержанию и интенциям продуцируемого текста	0	1	2	3	4	5	
ЯЗЫКОВЫЕ СРЕДСТВА							
5. Соответствие использованных языковых средств нормам современного русского языка	0	1	2	3	4	5	

Всего:

Итоговая контрольная таблица

Задания	Максимальное количество баллов	Количество баллов, полученное тестируемым
1	20	
2	20	
3	25	
Итого:	65	

Таким образом, весь тест по письму оценивается в 65 баллов.

При оценке результатов тестирования по письму выделяется 2 уровня:

удовлетворительно — **43** балла и выше;

неудовлетворительно — менее **43** баллов.

АУДИРОВАНИЕ
듣기 영역 정답

№			
1	**А**	Б	В
2	А	Б	**В**
3	**А**	Б	В
4	А	**Б**	В
5	**А**	Б	В
6	А	Б	**В**
7	**А**	Б	В
8	А	**Б**	В
9	**А**	Б	В
10	А	Б	**В**
11	**А**	Б	В
12	А	**Б**	В
13	**А**	Б	В
14	А	Б	**В**
15	А	**Б**	В
16	А	**Б**	В
17	А	Б	**В**
18	**А**	Б	В
19	А	**Б**	В
20	А	Б	**В**
21	А	**Б**	В
22	А	Б	**В**
23	**А**	Б	В
24	А	**Б**	В
25	**А**	Б	В

Итоговая контрольная таблица

Задания	Максимальное количество баллов	Количество баллов, полученное тестируемым
1 – 5	30	
6 – 10	30	
11 – 15	30	
16 – 20	30	
21 – 25	30	
Итого:	150	

Таким образом, весь тест по аудированию оценивается в 150 баллов.

При оценке результатов тестирования по аудированию выделяется 2 уровня:

удовлетворительно – **99** баллов и выше;

неудовлетворительно – менее **99** баллов.

녹음 원문

ЧАСТЬ 1

Задания 1–5. **Прослушайте реплику одного из участников диалога и выберите вариант ответа к каждому из заданий.**

Как ты ещё терпишь этот дом отдыха! Я бы на твоём месте не оставался здесь ни дня! Холод, слякоть, дождь – это ещё цветочки. Самое главное – плохое обслуживание и безобразное поведение персонала. Ужас какой-то! Нет, лучше уж отдыхать где-нибудь в другом месте, а может, даже дома...

Задания 6–10. **Прослушайте информацию и выберите вариант ответа к каждому из заданий.**

Центр содействия занятости студентов и трудоустройству выпускников Уральского государственного университета с этого года активно занимается оказанием помощи студентам в поиске работы на летний период. По словам директора Центра, на сегодняшний день направление на работу получил 61 студент. Среди предлагаемых вакансий: журналисты, лаборанты, менеджеры, торговые представители. Размер заработной платы колеблется в диапазоне от 1 до 5 тысяч рублей.

Директор отметил также, что особенно активно ищут работу студенты первого курса. Но им не всегда удаётся трудоустроиться. Одна из причин этого в том, что некоторые студенты, желающие поработать летом, ещё не достигли 18-летнего возраста. Работодатели накладывают ограничения на студентов по полу и возрасту.

ЧАСТЬ 2

Задания 11–15. **Посмотрите фрагмент видеозаписи телесериала «Каменская» и выберите вариант ответа к каждому из заданий.**

Настя [разговаривает с Андреем]: Я из страхового агентства «Фактор». Наше агентство уже пять лет на рынке, и мы можем вам предложить такие услуги, как страхование вашего имущества и жизни и тому подобное. Вот, если хотите, просто ознакомьтесь…

Володя: Здравствуй, Настя!

Настя: Ой, Володя… А это твой дом?

Володя: Да.

Настя: Можно посмотреть?

Володя: Прошу.

Настя: Слушай, сколько лет мы с тобой не виделись?

Володя: Десять лет.

Настя: Десять…

Володя: И ты приходишь в мой день рождения по поручению страхового агентства?

Настя: Забыла… забыла… У тебя сегодня день рождения. Прости, забыла. А я, как дура, да? «Я из страхового агентства». Поздравляю!

Володя: Спасибо! Проходи, садись.

Настя: Спасибо!

Володя: Так ты страховой агент?

Настя: Угу.

Володя: Странно. Ты же была профессиональный юрист, тебе пророчили блестящее будущее, карьеру…

Настя: А я довольна своей карьерой, потому что у меня работа с людьми, всё время на свежем воздухе. А про то, что мне пророчили, я уже давно забыла.

Володя: Ну, а меня ещё помнишь?

Настя: А ты надеялся, что я скажу «забыла»?

Володя: Глупый вопрос. Как можно надеяться, что тебя забудет женщина, которую когда-то любил?

Настя: Мне казалось, что это я тебя любила, а ты милостиво позволял себя любить.

Володя: В тебе говорит обида, а с обиженной женщиной лучше не спорить. Андрей, сварите нам, пожалуйста, кофе.

Настя: Ой, нет, не надо, не надо, спасибо большое. Сейчас к тебе друзья придут, не надо, пожалуйста, и я тут «здрасьте»…

Володя: Друзей у меня нету, придут поздравить просто из издательства. Им ты не помешаешь. …Кстати, хочу подарить тебе свой новый двухтомник. Вот, Накахара. Узнаёшь?

Настя: Угу. …Ой, кстати, мне пора.

Володя: Может быть, останешься пообедать?

Настя: Я бы с удовольствием, но, знаешь, там… неудобно как-то, и ещё по соседям надо пробежаться.

Володя: Ну, возвращайся.

Настя: Хорошо, до свидания.

Задания 16–20. **Прослушайте аудиозапись новостей и выберите вариант ответа к каждому из заданий.**

• Госдума сняла ограничения на платный приём в университеты. В своё время эти ограничения ввели, чтобы сохранить возможность бесплатного обучения на самые популярные специальности и ограничить коммерциализацию образования. Теперь цели изменились. Правда, ограничения снимут только по юридическим и экономическим специальностям, на которые уже не ожидается бешеного спроса, так как рынок перенасыщен такими специалистами.

• Работники оперативных подразделений министерства путей сообщения соревнуются в профессиональном мастерстве. В Екатеринбурге открылся 4-й Всероссийский турнир по охранному многоборью. За призовые места борются 15 команд. Задания, по словам организаторов, максимально приближены к боевым.

• Последний звонок прозвенел для выпускников всех школ Свердловской области. В этом году школы заканчивают 92 тысячи старшеклассников. По случаю праздника в общеобразовательных учреждениях прошли торжественные линейки и праздничные концерты.

• Высокопоставленные чиновники финансово-экономических министерств радостно рапортуют о новых достижениях в переговорном процессе по поводу вступления России в ВТО. Однако отечественные ювелиры впадают в глубокий пессимизм. Падение торговых барьеров и приход иностранных компаний больно ударят по российским производителям изделий из драгоценных металлов и даже может привести к разорению многих из них.

• Партию попугаев редкой породы задержали ночью сотрудники Кольцовской таможни. Сорокалетний гражданин Узбекистана пытался тайно провезти через границу 75 попугаев породы «неразлучники» и 30 «зебровых амадин».

Задания 21–25. **Прослушайте фрагмент интервью с выдающимся учёным Д.С. Лихачёвым и выберите вариант ответа к каждому из заданий.**

Вопрос: Скажите, пожалуйста, о том, кто были Ваши родители. Поделитесь с нами воспоминаниями о Вашем детстве.

Дмитрий Сергеевич Лихачёв: Хорошо. Спасибо за этот вопрос. Значит, мои предки по линии матери – старообрядцы, купцы-старообрядцы, а отец был из семьи почётных потомственных граждан Петербурга.

Вопрос: Дмитрий Сергеевич, «современный интеллигентный человек» – что Вы вкладываете в это понятие?

Д.С.: Мне очень часто задают вопрос об интеллигентности. Это очень трудное понятие. Скупой может притвориться щедрым, злой человек может притвориться добряком, льстец может преподносить свою лесть под флагом правдивости, но притвориться интеллигентным человеком нельзя. Вот, между прочим, почему интеллигентность вызывает такую злобу в неинтеллигентных людях.

Вопрос: Всё ли для Вас ясно в «Слове о полку Игореве»?

Д.С.: Нет, конечно, не всё. И я думаю, что это даже хорошо, что не всё сейчас ясно. Ибо, если в художественном произведении, в каком угодно, всё абсолютно ясно, то оно утрачивает какой-то элемент своей художественности. Художественное произведение всегда должно быть немножко таинственным, но вместе с тем, какое-то обаяние «Слова о полку Игореве» исчезнет, если всё в нём будет абсолютно объяснено, понятно и не вызывать никаких сомнений.

Вопрос: Дмитрий Сергеевич, вопрос, который, я думаю, волнует всех. Вот вы говорили о разрушении памятников, но ведь не все памятники разрушаются так, кем-нибудь. Многие, на многие не обращают внимания. Вот есть в Серпухове прекрасный монастырь, например, дом князей Волконских. Ведь когда он разрушится, никто не будет ответственным за него, никто не знает, чем он сам разрушится.

Д.С.: Вы сами из Серпухова?

– Нет, я не из Серпухова, я была там дважды.

Д.С.: Как приятно, что есть люди, молодые, которые вот так мыслят, вот это замечательно. В этом отношении я – оптимист. Архитектура должна принадлежать народу. Но кажется, что только градостроительные организации ей могут распоряжаться, так же как архитектурой Ленинграда и всех других городов. Вот им, якобы, принадлежит это. Это принадлежит народу и даже не одному поколению, которое сейчас живёт.

Д.С. (в заключение): Я чувствую себя как бы в XXI веке. Если остальная часть европейских университетов гордится своим прошлым, то мы должны гордиться своим будущим.

ГОВОРЕНИЕ

말하기 영역 예시 답안

***Задания 1–4.** Представьте себе, что вы с другом были на экскурсии. Вам экскурсия понравилась, а другу – нет. Возразите ему, используйте антонимичные оценочные слова.*

1.

Первый вариант ответа

– Я ничего не понял, экскурсовод говорил быстро и сложно.
– Совсем нет! Экскурсовод прекрасно рассказывал, говорил чётко. Всё было понятно.

Второй вариант ответа

– Я ничего не понял, экскурсовод говорил быстро и сложно.
– Я так не думаю. Рассказ экскурсовода был интересным, он старался говорить медленно и просто, я всё понял(-а).

2.

Первый вариант ответа

– В автобусе было слишком душно.
– Совсем наоборот! Я сидел(-а) около окна, на меня дул приятный свежий ветер. Было немного прохладно.

Второй вариант ответа

– В автобусе было слишком душно.
– Как раз наоборот! У нас был прекрасный современный автобус с кондиционерами. Я даже немного замёрз(-ла).

3.

Первый вариант ответа

– Я устал оттого, что туристы такие шумные.

– Я с тобой не согласен(-сна). Нам повезло с группой: все люди интеллигентные, спокойные.

Второй вариант ответа

– Я устал оттого, что туристы такие шумные.
– Что ты! Мне кажется, туристы вели себя тихо и внимательно слушали нашего гида, большинство из них воспитанные, культурные люди.

4.

Первый вариант ответа

– Да и тема экскурсии вовсе не актуальна для нас.
– Ну что ты! Меня очень интересует эта тема, я с удовольствием побывал(-а) в старинном русском городе, познакомился(-лась) с историей России.

Второй вариант ответа

– Да и тема экскурсии вовсе не актуальна для нас.
– Это не так. Сохранение памятников культуры – это «горячая» тема современности. Экскурсия была интересной и полезной для нас.

Задание 5–8. **Вы идёте на научную конференцию. Ваш друг сомневается в успехе своего выступления. Отреагируйте на реплики собеседника, выражая заданные намерения.**

5.

Первый вариант ответа

– **Выразите радость:**

– Мне сказали, что моя тема очень актуальна для этой конференции.
– Прекрасно! Значит, участники конференции будут с интересом слушать твой доклад!

Второй вариант ответа

– **Выразите радость:**

– Мне сказали, что моя тема очень актуальна для этой конференции.
– Я очень рад(-а) за тебя! Твоё выступление точно всем понравится!

6.

Первый вариант ответа

– **Утешьте:**

– Но я всегда боялся говорить на публике. Точно всё забуду.

– Не переживай! Ты хорошо подготовился и выступишь уверенно.

Второй вариант ответа

– **Утешьте:**

– Но я всегда боялся говорить на публике. Точно всё забуду.

– Не волнуйся! Ты много раз выступал, у тебя большой опыт. Всё пройдёт хорошо.

7.

Первый вариант ответа

– **Посоветуйте:**

– А если я не смогу ответить на вопросы?

– Советую тебе заранее подумать, какие вопросы могут задать. Это помогает.

Второй вариант ответа

– **Посоветуйте:**

– А если я не смогу ответить на вопросы?

– Тебе лучше успокоиться и не думать о плохом. Ещё есть время, подумай о возможных вопросах.

8.

Первый вариант ответа

– **Выразите пожелание:**

– Минут 10 осталось до моего доклада.

– Удачи! Желаю хорошо выступить!

Второй вариант ответа

– **Выразите пожелание:**

– Минут 10 осталось до моего доклада.

– Желаю выступить лучше всех!

Задания 9–12. **Воспроизведите реплики с интонацией, соответствующей следующим намерениям:**

9.

Вы возмущены:

- Но ты не сделал то, что сам обещал!

10.

Вы недовольны:

- Из-за него придётся в выходные работать, а можно было всё сделать вовремя.

11.

Вы рады:

- Моя сестра выходит замуж!

12.

Вы делаете комплимент:

-Ты сегодня потрясающе выглядишь!

Задание 13. **Расскажите о просмотренном отрывке из фильма. Опишите ситуацию и действующих лиц и выскажите предположение, почему, по вашему мнению, возникла такая ситуация.**

Первый вариант ответа

Действие происходит дома. Герои – женщина и мужчина, лет тридцати пяти, видимо, жена и муж. На них домашняя одежда. Они разговаривают на кухне: жена стоит, муж сидит за столом. Жена держит в руках какое-то скандальное письмо от чужой женщины, потом кладёт его на стол и даёт мужу пощёчину. Герои ссорятся. Потом жена тоже садится, муж начинает ей объяснять, что он не виноват. Жена плачет. Эту ссору слышит дочь. Ей лет десять. Девочка медленно уходит в другую комнату, где разговаривает по телефону её брат – мальчик лет пятнадцати. Брат и сестра начинают говорить о родителях. Девочка выглядит грустной, а мальчик спокойным.

Я думаю, что муж не виноват, он выглядит честным человеком. Видимо, он тоже расстроился и старается понять, кто написал это скандальное письмо. Возможно, у мужа есть враги на работе, которые тайно написали письмо и послали его жене. Жена получила письмо и огорчилась.

Второй вариант ответа

Домашняя обстановка. Кухня в большой квартире. Муж и жена разговаривают о чём-то серьезном. Женщина держит письмо, потом кладёт его на стол, бьёт мужа, садится. Муж сидит за столом, оправдывается, говорит, что это письмо написала какая-то сумасшедшая. Жена плачет. Маленькая девочка слушает разговор родителей у двери в кухню, потом возвращается в комнату, где подросток, видимо, ее брат, разговаривает по телефону. Девочка предлагает брату признаться, что они уже знают секрет родителей. Мальчик говорит, что нельзя признаваться, что они прочитали чужое письмо.

Мне кажется, муж обманывает жену. Может быть, такая ситуация в фильме возникла потому, что муж говорил, что ездил в командировки, а сам тайно встречался с другой женщиной, которую раньше любил. Эта женщина потом родила ребёнка. Когда муж узнал о ребёнке, он бросил свою любовницу. Тогда любовница написала письмо его жене, поэтому жена плакала.

Задание 14. **Вы прочитали в газете объявление. Это объявления вас заинтересовало. Позвоните по указанному телефону и расспросите обо всём как можно более подробно, чтобы решить, куда поехать отдыхать.**

Первый вариант ответа

– Алло! Здравствуйте! Это компания «Элита трэвэл»?
– Здравствуйте! Да, я слушаю вас.
– Я звоню по поводу объявления в газете. У меня есть несколько вопросов.
– Что вас интересует?
– Я хотел(-а) бы полететь в Малайзию. Когда будет ближайший тур?
– У нас заезды по средам и субботам.
– У вас только групповые экскурсии или есть также индивидуальные туры?
– Мы предлагаем только групповые туры.
– А сколько человек в группе?
– От 10 (десяти) до 15 (пятнадцати).
– А где мы будем проживать? В гостинице или в хостеле?
– Наши туристы проживают в комфортабельном отеле.
– Я хотел(-а) бы поехать на 7 дней. Сколько стоит такой тур?
– От 50 000 (пятидесяти тысяч) рублей на человека.
– В стоимость включено питание?
– Только завтраки.
– А перелёт? Кто платит за авиабилеты?
– Перелёт оплачивается дополнительно. Он не включён в стоимость.
– Понятно. Ещё один вопрос. Я иностранец(-нка). Какие документы мне нужны?
– Вам нужен только действующий загранпаспорт.
– Хорошо. Ваша фирма работает каждый день?
– С понедельника по пятницу.
– Со скольки до скольки?
– С 9 (девяти) до 17 (семнадцати) часов.
– Спасибо за информацию! Я подумаю и перезвоню. До свидания!
– Всего доброго!

Второй вариант ответа

– Алло! Добрый день!
– Здравствуйте!
– Это турфирма «Элита трэвэл»?

– Да. Чем могу вам помочь?
– Я прочитал(-а) объявление в газете об отдыхе в жарких странах и хотел(-а) бы задать несколько вопросов.
– Пожалуйста.
– Мне хочется отдохнуть в Таиланде. Какие туры вы можете мне предложить?
– У нас есть туры на 5 (пять), 7 (семь) и 11 (одиннадцать) дней.
– Сколько стоит тур на 5 (пять) дней?
– Цена – от 35 000 (тридцати пяти тысяч) рублей на одного человека.
– Я студент(-ка). У вас есть скидки для студентов?
– К сожалению, нет.
– А что входит в эту стоимость?
– Проживание, завтраки, экскурсии.
– Где мы будем жить?
– Вы будете жить в трёхзвёздочной гостинице.
– Это далеко от моря?
– Не очень. 20 (двадцать) минут на такси.
– Если в стоимость включены только завтраки, тогда как мы будет обедать и ужинать? Группой или каждый сам?
– У вас будет свободное время, чтобы посетить местные рестораны и кафе самостоятельно.
– А какие экскурсии вы предлагаете?
– Вы сможете посмотреть Королевский дворец, Национальный музей, аквариум.
– Какая валюта в Таиланде? Мне нужно взять с собой доллары или евро?
– В Таиланде расплачиваются местной валютой, которая называется «бат». Вы сможете поменять доллары на баты в обменных пунктах, например, в аэропорту.
– Хорошо. Получается, авиабилеты я должен (должна) купить сама?
– Да, билеты вы должны купить самостоятельно.
– А когда ближайший заезд на 5 дней?
– В следующие выходные.
– Хорошо. Всё понятно. Большое спасибо за информацию! Могу я прийти к вам завтра, чтобы оформить путёвку?
– Да, конечно.
– До скольки вы работаете завтра?
– До 8 (восьми) вечера.
– Спасибо! До свидания!
– До свидания!

Задание 15. **Примите участие в беседе на тему, предложенную тестирующим.**

Возможные варианты тем:

1. Жизнь в столице и в провинции.
2. Глобализация и сохранение национальных традиций.
3. Что такое терроризм и как с ним бороться?
4. Защита природы – внутренняя проблема государства или международная?
5. Учёба за границей: плюсы и минусы.
6. Природа и человек в современном мире: контакт или противостояние?

Образец беседы

Сценарий речевого поведения тестора	Реплика – стимул	Реплика – реакция тестируемого	Схема речевого поведения тестируемого
1. Ввод в проблему, запрос мнения	Что Вас привело в Россию, в Уральский государственный университет?	Существует договор об обмене между нашими университетами. Ну, а в России меня вообще интересуют отношения между национальностями, другие вопросы политологии…	Высказывание мнения
	Сейчас много говорят о формировании национальной идеи в России. Этот вопрос входит в сферу вашего внимания?	Я много читаю о национализме в России. Это и не русские авторы: Гельнер, Коннор. И книги по истории России: Рязановский, Рой Медведев, Валерий Тишков. По-моему, очень важно для России различие между гражданской идентичностью и	

		этнической идентичностью нации. Этой разницы вообще не существует в западной терминологии в политологии.	
2. Запрос уточнения информации	Уточните, пожалуйста, что же подразумевается под национальной идентичностью?	В России, в отличие от европейских стран, никогда не существовала только одна нация, потому что из-за размера территории Российской империи всегда рядом находилось много народов. В советский период советские лидеры старались пропагандировать братские отношения между народами. После распада СССР Ельцин постарался распространить понятие идентичности россиянина, то есть понятие общегражданской идентичности, но у него не очень получилось. И поиск единой национальной идеи в России сейчас очень важная проблема, потому что сейчас этнические связи должны формироваться так, чтобы не сложилась ситуация, похожая на Чечню. Не надо рисковать,	Уточнение информации

		чтобы не было угрозы территориальной стабильности Российской федерации. Государство должно искать гражданскую идентичность, общую для всех национальностей в России.	
3. Запрос разъяснения мнения	Объясните, почему Вы считаете поиск гражданской идентичности в России важной проблемой именно в настоящее время?	Потому что существует угроза формирования немирных отношений между нациями. Этнические русские составляют 71% населения Российской федерации, этнические нерусские считают себя жертвами русского центра: татары, башкиры, чеченцы, не говоря уже о народах стран СНГ. А этнические русские считают себя жертвами народов «периферии», потому что на протяжении всей истории русские должны были платить за других, кормить их и жертвовать собой ради периферии. Мне кажется, что есть динамика недоверия между этническими группами.	Разъяснение мнения

4. Запрос информации	Вы считаете, что каждый народ внутри Российской федерации осознает свою национальную идентичность, но не осознает гражданскую? Откуда у Вас такая информация? Есть ли объективные социологические опросы, проведённые в России?	В основном, я читаю по-английски, честно говоря, и о времени после распада СССР. Но в каждой книге или статье есть информация об истории России. Есть и данные опросов у Тишкова.	Информация
5. Запрос оценочного суждения	Как Вы оцениваете существующую ситуацию? Что хорошо, что плохо, что опасно, что перспективно?	Мне кажется, что проблема современной России – это то, что в ней не существует того, что называется правовым государством. Гражданин сам по себе не квалифицируется как центр политики страны. Понятия «гражданин» – как индивидуальной единицы – просто нет. Сами люди не могут предлагать какие-то позитивные теории в отношениях между нациями и новые политические подходы к самосознанию. То, что предлагается государством людям, это деление на регионы по этническому признаку, либо какие-то эзотерические идеи внешней политики, как предлагает Дугин, например.	Выражение оценочного суждения

6. Запрос обоснования	Как Вы думаете, почему это произошло в России, почему гражданин не является центром политики государства?	Я думаю, всегда была огромная разница между элитой и крестьянами, грубо говоря. А в европейских странах был буржуазный класс, который мог руководить этим процессом, формировать национальное самосознание.	Обоснование
	То есть это политическая причина, а не ментальная?	Надеюсь, только политическая.	
7. Запрос сравнения	А если сравнить ситуацию в России с ситуацией в Италии? Как там относятся к другим нациям? Существует ли идентичность гражданина Италии?	Единая национальная идея существует. Все жители Италии относятся к государству как к субъекту, который защищает права граждан. У нас тоже есть разные регионы и области, но все их жители – равноправные граждане Италии.	Сравнение
8. Запрос примера	Приведите пример отношений этнических групп в Италии, если они существуют. Ведь в едином национальном государстве психологически трудно представить совместную жизнь разных народов.	Есть двуязычные жители на границе с Францией, Словенией, но они тоже квалифицируют себя как итальянцы. Сицилийцы, хоть и другие, но тоже граждане Италии. В Италии проблемы не столько этнические, сколько экономические в отношениях между регионами.	Приведение примера

		Существует большая разница между Севером и Югом, и есть сильная партия, которая хочет разъединить Север и Юг.	
9. Запрос предположения	Вы можете предположить, по какому пути пойдет Россия в поиске национальной идеи?	Судя по действиям Путина во власти, я могу определить, куда идет Россия после Ельцина. К примеру, федеральная реформа 2002 года – довольно умная реформа. Созданы семь федеральных округов, поскольку нужно было уменьшить количество субъектов федерации. По-моему, не надо, чтобы были субъекты федерации, основанные на этническом подходе, Татарстан, например.	Высказывание предположения
10. Запрос вывода	Но Вы сами отметили, что пока в России национальная идентичность выше общегражданской, так какой же в настоящее время можно сделать вывод по поиску общей национальной идеи?	Мне кажется, что гражданская идентичность должна развиваться в России с ростом гражданского самосознания, а это зависит от развития правового государства. Пока люди разделены на маленькие группировки, в том числе и этнические, мы не обойдём эту проблему.	Вывод

Обработка результатов тестирования.

Рейтерская таблица № 1.

№ задания	Содержание (I)			Интенция (II)			Итого
	выражено адекватно	выражено неадекватными средствами	не выражено	выражена адекватно	выражена частично	не выражена	I + II
1	2	1	0	2	1	0	
2	2	1	0	2	1	0	
3	2	1	0	2	1	0	
4	2	1	0	2	1	0	

Всего:

Рейтерская таблица № 2.

№ задания	Содержание (I)				Интенция (II)			Итого
	выражено адекватно	выражено неадекватными средствами	искажено	не выражено	выражена адекватно	выражена частично	не выражена	I + II
5	2	1,5	1	0	2	1	0	
6	2	1,5	1	0	2	1	0	
7	2	1,5	1	0	2	1	0	
8	2	1,5	1	0	2	1	0	

Всего:

Рейтерская таблица № 3.

№ задания	Интенция			Итого
	выражена адекватно	выражена частично	не выражена	
9	4	0	0	
10	4	0	0	
11	4	0	0	
12	4	0	0	

Всего:

Рейтерская таблица № 4

Параметры оценки / Объект контроля	Описание действующих лиц и ситуаций						Итого
1. Полнота	0	1	2	3	4	5	
2. Точность	0	1	2	3	4	5	
Параметры оценки / Объект контроля	**Предположение**						**Итого**
3. Выражение предположения	0	1	2	3	4	5	
4. Обоснование предположения	0	1	2	3	4	5	
Параметры оценки / Объект контроля	**Субъективные особенности монолога**						**Итого**
5. Композиция, структура монолога	0	3	5				
6. Владение фонетическими и лексико-грамматическими нормами разговорной речи	0	3	5				

Всего:

Рейтерская таблица № 5.

№	Тактика тестируемого	Шкала оценок						Итого	Тактика тестирующего
1.	Приветствие Представление	0	1	2	3	4	5		Приветствие *Просьба перезвонить
2.	Объяснение цели звонка	0	1	2	3	4	5		Готовность отвечать (Да. Пожалуйста.)
3.	Запрос информации Уточнение подробностей	0	1	2	3	4	5		Неконкретный ответ Уклонение от ответа
4.	Запрос разъяснения	0	1	2	3	4	5		Разъяснение
5.	*Резюмирующая часть Выражение признательности Прощание	0	1	2	3	4	5		*Констатация правильности или неправильности выводов Прощание

Всего:

Рейтерская таблица № 6.

Сценарий для тестирующего Реплики-стимулы	Реакции тестируемого Шкала оценок						Итого
1. Запрос мнения	1. Высказывание мнения						
	0	1	2	3	4	5	

2. Запрос уточнения	2. Уточнение мнения						
	0	1	2	3	4	5	
3 Запрос разъяснения	3. Разъяснение						
	0	1	2	3	4	5	
4. Запрос информации	4. Информация						
	0	1	2	3	4	5	
5. Запрос обоснования	5. Обоснование						
	0	1	2	3	4	5	
6. Запрос сравнения	6. Приведение сравнения						
	0	1	2	3	4	5	
7. Запрос примера	7. Приведение примера						
	0	1	2	3	4	5	
8. Запрос конкретного примера	8. Приведение конкретного примера						
	0	1	2	3	4	5	
9. Провоцирование предположения	9. Высказывание предположения						
	0	1	2	3	4	5	
10. Запрос вывода	10. Формулирование вывода						
	0	1	2	3	4	5	

Всего:

Итоговая контрольная таблица

Задания	Максимальное количество баллов для каждого блока заданий	Количество баллов, полученное тестируемым
1 - 4	14	
5 - 8	14	
9 - 12	12	
13	30	
14	25	
15	50	
Итого:	145	

Таким образом, весь тест по говорению оценивается в 145 баллов.

При оценке результатов тестирования по говорению выделяется 2 уровня:

удовлетворительно — **96** баллов и выше

неудовлетворительно — менее **96** баллов.

답안지

Рабочие матрицы

ЛЕКСИКА. ГРАММАТИКА

Имя, фамилия _____ Страна _____ Дата _____

Матрица № 1				
1	А	Б	В	Г
2	А	Б	В	Г
3	А	Б	В	Г
4	А	Б	В	Г
5	А	Б	В	Г
6	А	Б	В	Г
7	А	Б	В	Г
8	А	Б	В	Г
9	А	Б	В	Г
10	А	Б		
11	А	Б		
12	А	Б		
13	А	Б		
14	А	Б		
15	А	Б		
16	А	Б		
17	А	Б		
18	А	Б		
19	А	Б		
20	А	Б		
21	А	Б		
22	А	Б		
23	А	Б		
24	А	Б		
25	А	Б		

Матрица № 2				
26	А	Б	В	Г
27	А	Б	В	Г
28	А	Б	В	Г
29	А	Б	В	Г
30	А	Б	В	Г
31	А	Б	В	Г
32	А	Б	В	Г
33	А	Б	В	Г
34	А	Б	В	Г
35	А	Б	В	Г
36	А	Б	В	Г
37	А	Б	В	Г
38	А	Б	В	Г
39	А	Б	В	Г
40	А	Б	В	Г
41	А	Б	В	Г
42	А	Б	В	Г
43	А	Б	В	Г
44	А	Б	В	Г
45	А	Б	В	Г
46	А	Б	В	Г
47	А	Б	В	Г
48	А	Б	В	Г
49	А	Б	В	Г
50	А	Б	В	Г

Матрица № 3				
51	А	Б	В	Г
52	А	Б	В	Г
53	А	Б	В	Г
54	А	Б	В	Г
55	А	Б	В	Г
56	А	Б	В	Г
57	А	Б	В	Г
58	А	Б	В	Г
59	А	Б	В	Г
60	А	Б	В	Г
61	А	Б	В	Г
62	А	Б	В	Г
63	А	Б	В	Г
64	А	Б	В	Г
65	А	Б	В	Г
66	А	Б	В	Г
67	А	Б	В	Г
68	А	Б	В	Г
69	А	Б	В	Г
70	А	Б	В	Г
71	А	Б	В	Г
72	А	Б	В	Г
73	А	Б	В	Г
74	А	Б	В	Г
75	А	Б	В	Г

Матрица № 4				
76	А	Б	В	Г
77	А	Б	В	Г
78	А	Б	В	Г
79	А	Б	В	Г
80	А	Б	В	Г
81	А	Б	В	Г
82	А	Б	В	Г
83	А	Б	В	Г
84	А	Б	В	Г
85	А	Б	В	Г
86	А	Б	В	Г
87	А	Б	В	Г
88	А	Б	В	Г
89	А	Б	В	Г
90	А	Б	В	Г
91	А	Б	В	Г
92	А	Б	В	Г
93	А	Б	В	Г
94	А	Б	В	Г
95	А	Б	В	Г
96	А	Б	В	Г
97	А	Б	В	Г
98	А	Б	В	Г
99	А	Б	В	Г
100	А	Б	В	Г

Матрица № 5				
101	А	Б	В	Г
102	А	Б	В	Г
103	А	Б	В	Г
104	А	Б	В	Г
105	А	Б	В	Г
106	А	Б	В	Г
107	А	Б	В	Г
108	А	Б	В	Г
109	А	Б	В	Г
110	А	Б	В	Г
111	А	Б	В	Г
112	А	Б	В	Г
113	А	Б	В	Г
114	А	Б	В	Г
115	А	Б	В	Г
116	А	Б	В	Г
117	А	Б	В	Г
118	А	Б	В	Г
119	А	Б	В	Г
120	А	Б	В	Г
121	А	Б	В	Г
122	А	Б	В	Г
123	А	Б	В	Г
124	А	Б	В	Г
125	А	Б	В	Г

Матрица № 6				
126	А	Б	В	Г
127	А	Б	В	Г
128	А	Б	В	Г
129	А	Б	В	Г
130	А	Б	В	Г
131	А	Б	В	Г
132	А	Б	В	Г
133	А	Б	В	Г
134	А	Б	В	Г
135	А	Б	В	Г
136	А	Б	В	Г
137	А	Б	В	Г
138	А	Б	В	Г
139	А	Б	В	Г
140	А	Б	В	Г
141	А	Б	В	Г
142	А	Б	В	Г
143	А	Б	В	Г
144	А	Б	В	Г
145	А	Б	В	Г
146	А	Б	В	Г
147	А	Б	В	Г
148	А	Б	В	Г
149	А	Б	В	Г
150	А	Б	В	Г

ЧТЕНИЕ

Имя, фамилия _____ **Страна** _____ **Дата** _____

1	А	Б	В		
2	А	Б	В		
3	А	Б	В		
4	А	Б	В		
5	А	Б	В		
6	А	Б	В		
7	А	Б	В		
8	А	Б	В		
9	А	Б	В		
10	А	Б	В		
11	А	Б	В		
12	А	Б	В		
13	А	Б	В		
14	А	Б	В		
15	А	Б	В		
16	А	Б	В		
17	А	Б	В		
18	А	Б	В		
19	А	Б	В		
20	А	Б	В		
21	А	Б	В		
22	А	Б	В		
23	А	Б	В		
24	А	Б	В		
25	А	Б	В		

АУДИРОВАНИЕ

Имя, фамилия _____ **Страна** _____ **Дата** _____

№					
1	А	Б	В		
2	А	Б	В		
3	А	Б	В		
4	А	Б	В		
5	А	Б	В		
6	А	Б	В		
7	А	Б	В		
8	А	Б	В		
9	А	Б	В		
10	А	Б	В		
11	А	Б	В		
12	А	Б	В		
13	А	Б	В		
14	А	Б	В		
15	А	Б	В		
16	А	Б	В		
17	А	Б	В		
18	А	Б	В		
19	А	Б	В		
20	А	Б	В		
21	А	Б	В		
22	А	Б	В		
23	А	Б	В		
24	А	Б	В		
25	А	Б	В		

절취선을 따라 잘라서 사용하세요

답안지

Дорога в Россию идет через Пушкинский дом!

러시아로 가는 길에 뿌쉬낀하우스가 있습니다!

러시아 교육문화센터
뿌쉬낀하우스 는

2002년 러시아와 한국을 잇는 문화적 가교의 역할을 담당하고자 하는 취지로 개원하여 러시아어 교육과 러시아 관련 도서의 출판, 문화교류 등의 분야에서 선도적인 역할을 하고 있습니다.

뿌쉬낀하우스
온라인스쿨 은

www.pushkinonline.co.kr

10여 년 동안 러시아어 교육분야에서 쌓아온 최고의 노하우를 여러분께 공개합니다.
이제 러시아어 전문 강사가 제공하는 최고의 강의를 온라인에서도 만나실 수 있습니다.